子供4人　共働き　賃貸60㎡ で

シンプル丁寧に暮らす

ベリー

はじめに

第3子の育休中に、ブログ「ベリーの暮らし」を始めました。

ラク家事・ラクごはんを目指して、掃除や片づけ、ごはん作りを工夫する日々。休日のおやつ作りや子供たちの家庭学習。毎日発信しているうちに、多くの方に読んでいただけるブログになりました。

しばらくして第4子を授かり、出産。時短勤務を経て、今はフルタイムに戻して働きながら、保育園児から小学生まで4人の子供を育てています。私も夫も、実家は遠方。共働きで4人を子育てする毎日は、家事に育児に盛りだくさんではありますが、私の感覚では、年を経るごとに暮らしやすくなっている気がしています。

もちろん、家族が多いと、家でも外でもやることは途切れません。朝がきて新しい一日が始まったと思ったら、家族を送り出して出勤。帰宅したら、「今日のごはんは何？」の声の中、すぐご飯を用意。子供をお風呂に入れて……あっという間に、もう寝る時間！

けれど、そんな状況だからこそ、自分は何を大切にして、何を省いていくかということが、年々、より明確になっていきました。

日々の暮らしで押さえるポイント、手を抜くところ。ものを簡単に管理できるよう手放したもの、逆に、新たに買い足したもの。自分の役目としてし続けること、家族や家電の力を借りるところ。

ブログで発信することで、なぜこの家電を選び、この方法で家事を進め、このように時間を使っているのか、はっきり認識でき、次の判断につながることも。

子供が成長すれば家族の形も変わり、暮らしも変化していきます。

小さな子供がいると、片づけても片づけても、すぐに散らかります。そんな今は、さあ片づけるよ！の声掛けひとつで、３歳の子供でも元に戻せる仕組みを考えています。

仕組みを考え、家族に伝え、家族みんながその仕組みに沿って片づけることで、子供たちも「家を整える方法」や「片づける方法」を日々の暮らしで学んでいきます。

そうなれば、あとは簡単です。子供たちが成長して今よりも自分自身でできることが増えるほど、家事はますますラクになっていくはず。

この本では、今のわが家で無理なく実践していることをご紹介しています。

読んでいただいた方に、こんな暮らし方もあるんだなあ、と思っていただければ嬉しいです。

第1章 子供4人・共働きでもできるシンプル丁寧な生活

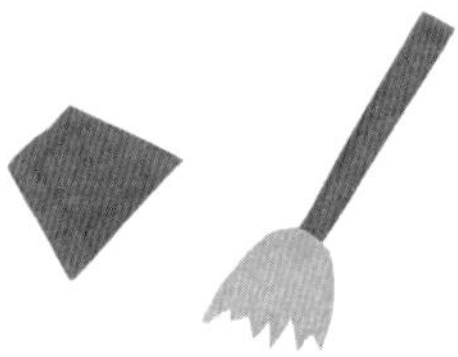

第2章 スモールスペースですっきり暮らす工夫

第3章 手早く美味しい食事を作るキッチン

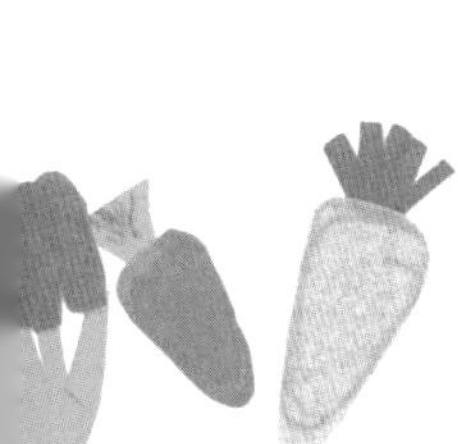

第4章 子供の持ち物管理と教育のこと

第5章

毎日の家仕事をもっとラクに

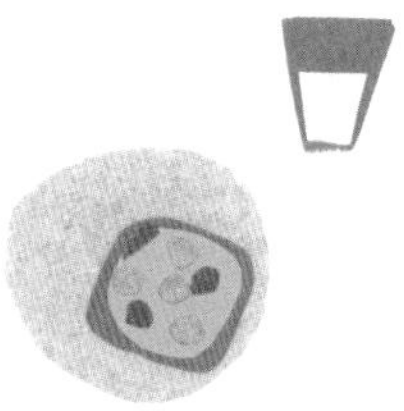

第6章

私の持ち物・少数精鋭アイテム

第7章 お金をかけずに家族6人で楽しむ暮らし

〈 room layout 〉

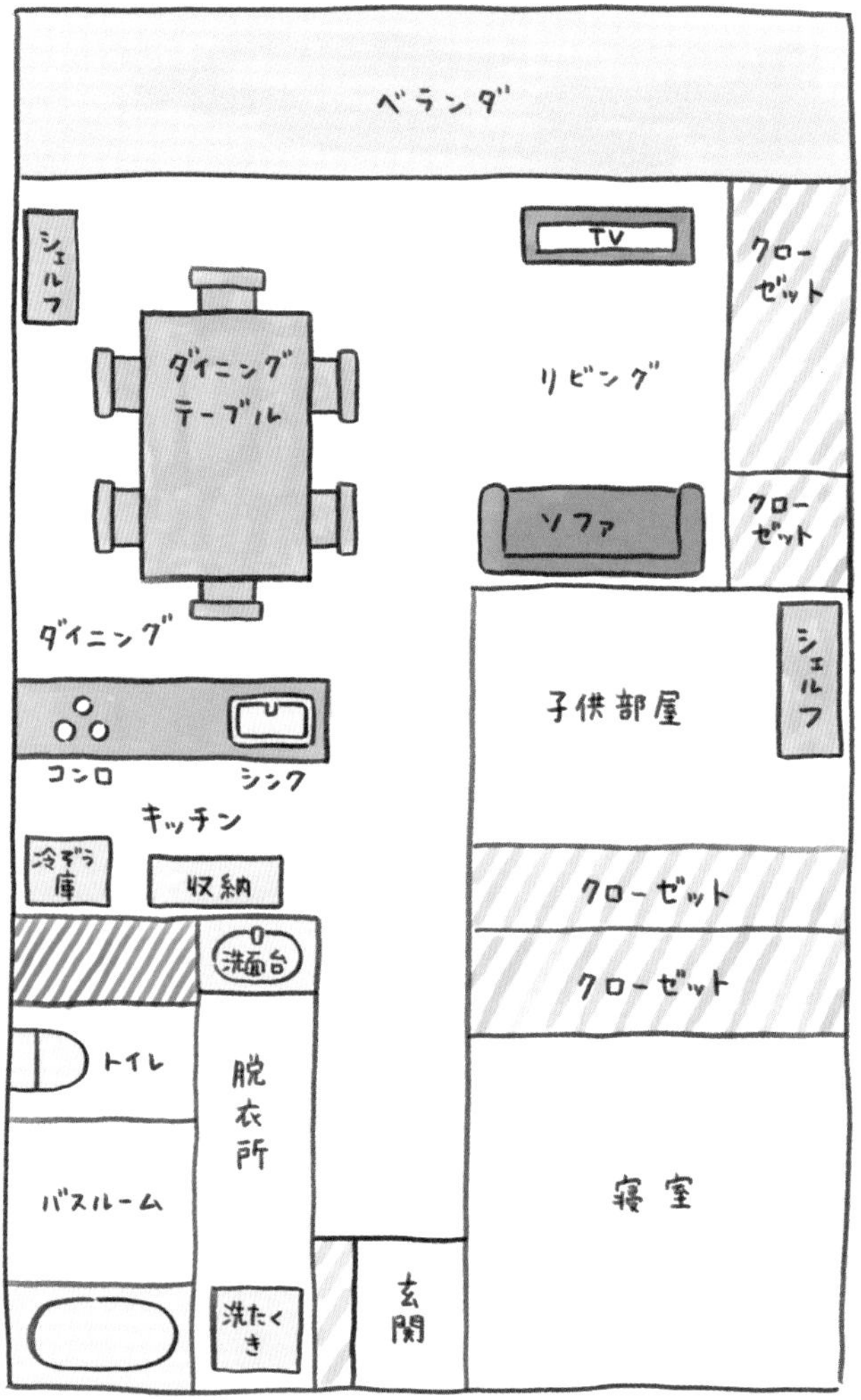
ベランダ
シェルフ
TV
クローゼット
ダイニングテーブル
リビング
ソファ
クローゼット
ダイニング
子供部屋
シェルフ
コンロ
シンク
キッチン
冷ぞう庫
収納
洗面台
クローゼット
クローゼット
トイレ
脱衣所
バスルーム
寝室
洗たくき
玄関

第 1 章

子供4人・共働きでもできる シンプル丁寧な生活

家族6人、賃貸60㎡にあえて住む理由

わが家は夫婦に子供4人の6人家族。60㎡、2LDKのマンションで暮らしています。

住まいを考えるとき、持ち家派と賃貸派に分かれると思いますが、わが家は賃貸派です。子供の年齢を考えると、家族6人全員で暮らす期間は、長くてあと10年ちょっとのはず。家族のライフステージや状況に応じて、身軽に住み替えていきたいと考えています。

今の住まいは、駅から徒歩1分の場所にあります。これが、幼い子供の子育て中である今、とても便利。

わが家は夫婦ともに実家が遠く、子供が病気にかかったときには交替で半休を取り合うことも。通勤時間をなるべく短くすることは、家事も子育ても仕事もがんばれる環境を整えるうえでは、とても重要です。

駅のすぐそばに住んでいると、通勤はもちろん、車を持たないわが家では、家族で出かけるときにもすこぶる便利です。

部屋が広い物件は、駅から離れていることがほとんど。それであれば、駅近から選ぼう。部屋数の少なさや狭さは、住まい方を工夫することでなんとでもなると考えました。

ただし、日当たり、風通しが良いのも外せない。ぴったりの物件が幸運にも見つかったのでした。

子供たちがもう少し大きくなるまで、引っ越しの予定もありません。スモールスペースでも広々とすっきり暮らせるよう、これからも工夫を重ねていきたいと思います。

大きな家具は持たない。多用途に使える収納を

大きな家具はなるべく買わず、多用途に使える収納を選ぶようにしています。

子供部屋で絵本棚として使っている、無印良品のスタッキングシェルフ。基本のシェルフを持っていれば、ユニットを追加して、横にも縦にも広げることができます。

長男が小学校に入学するのを機に、追加ユニットを買い足し、ランドセル置き場を作りました。子供たちが中学生、高校生となれば、絵本棚の役割は終え、教科書や通学バッグ、部活のグッズなどを置くことになるでしょう。

家族のステージに応じて用途を見直し、変えていくつもりでいます。

また、キッチンで収納したいものが増えてきたとき、収納棚を買い足す代わりに選んだのが、無印良品のワゴン（ステンレスユニットシェルフワゴンセット）です。

2台使っています。1台はじゃがいもや玉ねぎなど常温でストックする芋や野菜、また、パンを焼く材料を収納する場所として。もう1台は、ヘルシオの角皿やまな板の置き場として。おやつのストックもここに。

ワゴンのトップは作業台としても使えます。使いたいときに使いたい場所まで移動させて使えるのが便利です。

今はキッチン広めの家に住んでいますが、この先引っ越したときにキッチンが広いとは限りません。ワゴンであればコロコロと移動させ、用途を変えて、子供部屋でもベランダでも使えるはずです。

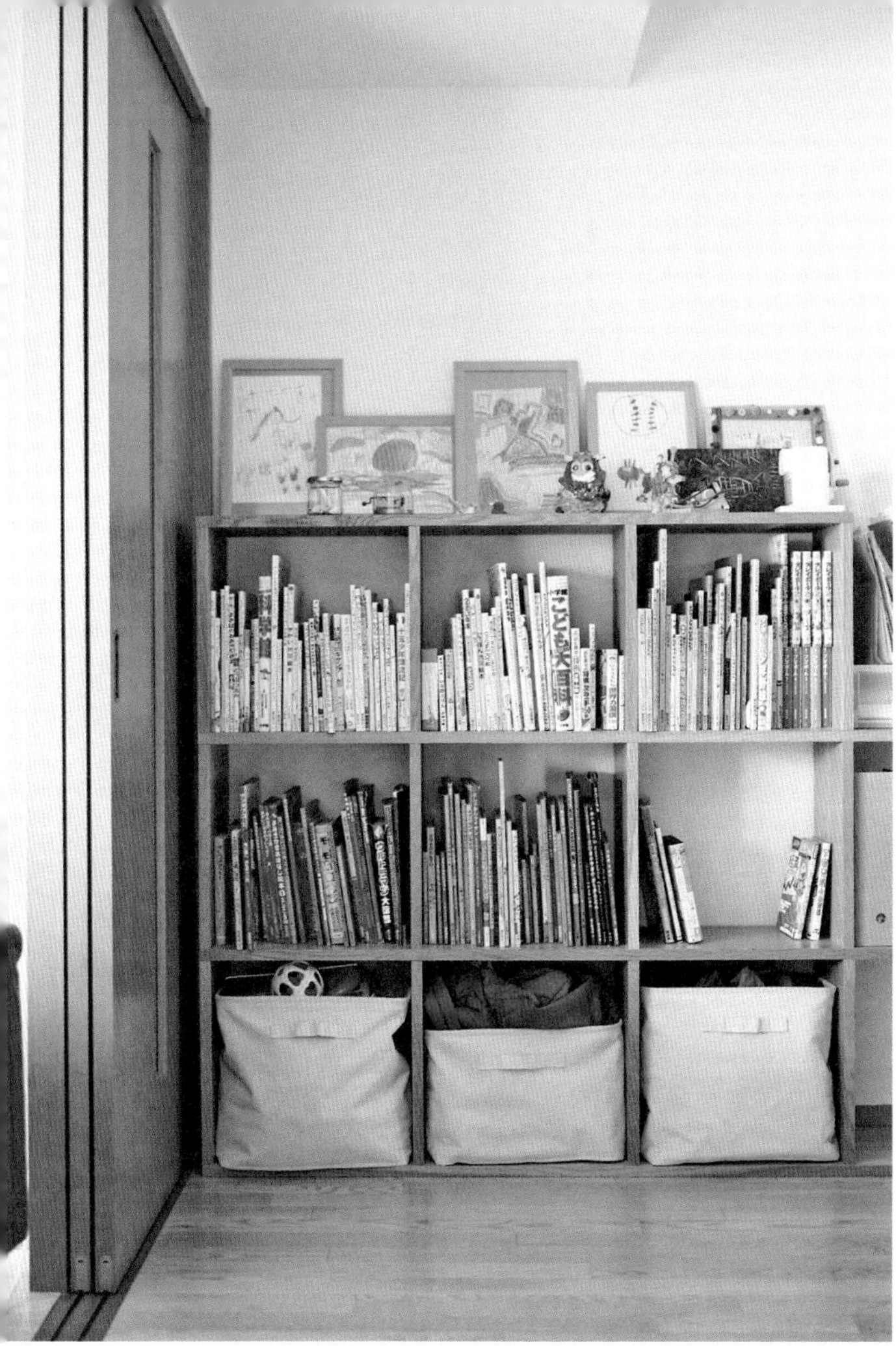

子供部屋の絵本棚にしているシェルフ。いかようにも使えます。同様のシェルフがダイニングにもあります。

キッチンに2台あるうち作業台としても使っているワゴン。脇には布巾を掛けられたり便利。

ダイニングテーブルがわが家の主役

6人がけのダイニングテーブルを使っています。広いテーブルは使い勝手がとてもよく、わが家の主役です。

食事をする場所としてはもちろん、子供たちとピザやクッキーを作るときには材料を広げて、広々と作業できます。また、学習机代わりでもあります。ダイニングを大きく占領していますが、この1台で様々な用途に使えるので、むしろ他の家具を置かずに済んでいます。

無印良品のタモ材のものです。当初の予算を数万円オーバーしたけれど、思いきって本当によかった。ダイニングテーブルやカーテンなど大きな面積のものは、部屋の印象を大きく左右するからです。

このテーブルは、広さはもちろん、見た目や手触りも含めて大満足（「手触り」の感覚を大切にしています）。

これ！というものを見つけるまで、じっくり吟味しました。多少高くても妥協せずに選んだ方が、買い替えることなく、結局はムダな出費もなくなると思っています。

リビングには敷物を敷いていません。子供が何かこぼしたときに、ほうきでさっと掃いたり、ウエスでざっと拭くことができるように。敷物の洗濯の手間も省けます。

「なくても大丈夫」「ない方がいい」ものは多い

持たないと決めたものがいくつかあります。それは、バスタオルやバスマット、カーペットです。気になったときにすぐ洗えないもの、もしくは洗いづらいもの。

バスタオルは洗濯時にかさばり、乾きにくい。入浴後に体を拭くときは、ひとりにつき1枚のフェイスタオルを使うようにしています。6枚になりますが、洗いやすいし乾きも早いので、洗濯もラク。

入浴後に6人が踏むバスマット。びしょぬれになり、干す場所にも困りました。毎日簡単に洗えるものをと思い、今使っているのはフェイスタオルです。まず1枚敷いておき、お風呂から出た子供を拭いたタオルを重ねていきます。全員入浴したら、そのまま洗濯機へポイです。

実はなくても平気だった、ない方がむしろ快適だったと気づくことは多いものです。

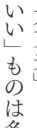

服も食器もストック類も「この引き出しに入る分だけ」

大人数でスモールスペースに暮らすには、ものの数を少なくすることが欠かせません。「これはこのスペースに入る分だけ」と容量を決めています。

容量を決めたら、衣服も日用品のストックも、それぞれの収納スペースにざっくり管理。仕切り等を使って細かく整理することはあまりなく、たまに「ものが隠れず一目でぱっと見える状態」に整理する感じです。

決めたスペースからはみ出てきた、一目で見渡せずゴソゴソ探さないと見つからない……というときは、「持ちすぎサイン」が点灯。中身を見直します。

4人の子供たちの服は基本的に、ひとりにつき引き出し1段分と決めています。

シーズンオフの服は別に管理し、そのシーズンに着ている服は引き出しに収納（小学生の上の子たちのトップスは、服が大きくなってきたのでハンガー掛け）。引き出しがいっぱいになってきたら、服の数を見直します。

食料品や洗剤などの日用品ストックも、それぞれの収納スペースに入るだけとしています。

ここに入る分だけ、と決めておくと、管理がラクです。何を持っているのか、何が足りないのかがすぐにわかります。

そして、わが家ではもう使わないなあ、でもまだ使えるなあ、というものは、メルカリ等のいくつか決めている手放し先に、手放す準備をします。

リビングのクローゼットに衣服を収納しています。ベランダから洗濯物を取り込んだ後、しまいやすい位置。

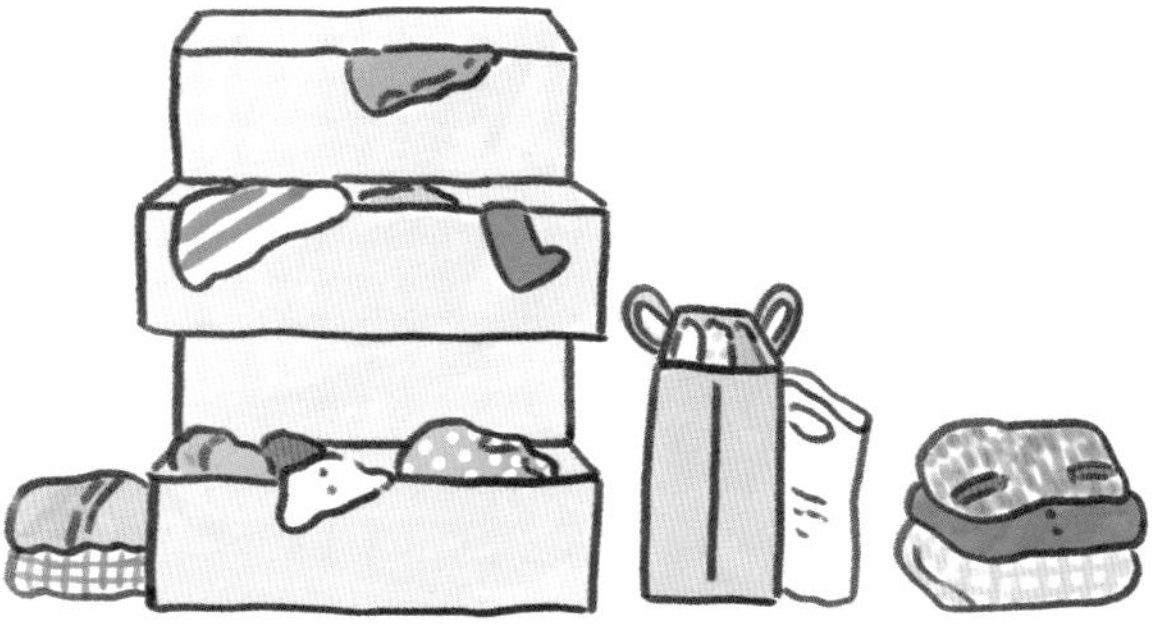

ホットクックから除湿機まで、家電をフル活用

フルタイムで働きながら子供４人。時間はいくらあっても足りません。

ここ数年で、食洗機や自動調理機（ＳＨＡＲＰのヘルシオ ホットクック等）を相次いで購入。「家電の力を借りる」ことにしています。

以前は、手を動かして時間を使えばできる家事は、いかに時短&効率よく「自分で」できるかということを考えていました。けれど、6人分の食器洗いでは、食洗機に任せれば自分が手を動かす時間を、１日あたり10分は短縮できます。

たかが10分、されど10分。立ちっぱなしの時間が減った分、夜家事で「疲れた〜……」となることが減りました。

スモールスペースに住んでいる分、家電はどこに置いてもすぐ目に入ります。色やデザインは部屋の印象を左右するので、家電のデザインはシンプルなことが大切。

可能であれば、主張の少ない白を選びます。ここ数年で購入したSHARPのウォーターオーブン ヘルシオ、バルミューダのグリーンファン、YAMAZENのヒーターは白くて、見た目もシンプル。狭い部屋の中でもしっくり馴染みます。

加湿器や除湿機などは、「高性能なものよりも手入れが簡単なもの」を。健康のために使っていても、手入れ不足で内部にカビが生えてしまえば逆効果だからです。

手入れが簡単なものを選べば、気づいたときにさっと手入れできます。

キッチンはとくに便利家電をフル活用、死蔵しているものはひとつもありません。

食洗機。夕食をとりながら、朝食時に使った食器を洗い、夕食後にもう一度スイッチオン。

除湿機。洗濯物の部屋干しに大活躍。天気に左右されず家事を進められるのは気がラクです。

家族みんなで家事

家事は「お母さんの仕事」ではなく、家族みんなで進められればと思っています。

幸いなことに、夫は家事育児をいとわない人で、出張の日以外、下の子たちの保育園の送り迎えを毎日してくれています。夜、洗濯物を干すのも夫の受け持ち。

子供たちにも、年齢に応じてその子ができる範囲をどんどん任せるようにしています。とくに小学生の上の2人には、下の2人のお世話や洗濯物の取り込み、食事の配膳など、大きな戦力になってもらっています。

下の子たちはまだ小さいので、お手伝いは練習中ですが、できる限り「自分のことは自分でする」ようにさせています。

それには仕組み作りが大切。小さな子供でも片づけられるよう、家族が使うものの収納方法は「3歳児でも戻せる」ことを基準にしています。

たとえば絵本は、大きな本も小さな本も、すべて背表紙の色別に並べています。色別であれば、3歳の子供でも「この本は青グループに戻してね！」と声をかければ戻せますし、背の高さがバラバラでも片づいたように見えるのがいいところ。

子供のものの収納場所を決めるときは、子供が手伝いやすい方法は？と考えて決めるようにしています。

私自身が仕分けし、片づける方がよっぽど早いしラクだけれど、子供に「自分で片づける力」を身につけさせたいと思っています。

平日の時間割

6:00	起床、着替えや洗顔、ブログ下書き
	夫起床、着替えや洗顔、床のモップがけ、シャツアイロンがけ
6:15	長男長女起床、身支度をしたら家庭学習（私がサポート）
7:15	次男次女起床
7:20	身支度。夫と長男長女が朝食準備
7:30	朝食
	次男次女のごはんサポートや着替え、登園準備
8:00	夫が次男次女を保育園へ。長男長女が登校
	朝家事（冷蔵庫チェック、洗濯物取り込みなど）
8:10	家を出る
17:30	退勤（保育園のお迎えは夫）
18:30	帰宅。夕食を作りながら長男長女の家庭学習サポート
19:10	夕食
20:00	順番に入浴
21:30	夜家事（食器片づけ、お風呂掃除など）
	夫が子供たちの仕上げ歯磨き
	長男長女が翌日の準備、次男次女のおもちゃ片づけ
22:00	子供たちを寝かしつけ、就寝
	夫が洗濯物干し
24:00	夫就寝

色別で絵本を収納。白、黄、赤、緑、青、茶、黒。そして図書館の本に分けて。

私がお皿に盛った料理をテーブルに運び、箸やグラスを並べるのは小学生２人の役目。家事力も育ちます。

切り株のサンタクロースは数年前、東急ハンズのワークショップで長男長女が作ったもの。

季節の飾りは手のひらサイズを厳選して

子供たちには、季節感を感じながら過ごしてもらいたいなあと思っています。家の中でも四季の移り変わりを感じられるよう、季節折々の飾りを飾ります。

収納スペースが限られているから、手のひらに収まるような小さなものが中心。大きな節句人形などもありません。

1月にはお正月飾り、2月の節分には鬼とお福の小さなお面、3月にはお雛飾りと月ごとに。10月のハロウィンや12月のクリスマスの飾りは、子供たちが手作りしたものも一緒に飾っています。

クリスマスツリーは夫と上の子たちが100円ショップで選んだ材料を中心に作ったものですし、リースは長男が保育園のときに作ったもの。

結婚した当初から10年以上かけて、ゆっくり集めています。ケースは無印良品、黒い仕切りはお菓子の箱から再利用。

ゆっくり時間をかけて集めているものと、子供たちが作ってきた作品。いろいろ混ぜて、わが家の季節を作っています。

心から気に入ったものだけ気長に集めているので、梅雨時期に飾りたいなあと考えているガラスのアジサイはまだ見つかっていません。いつどこで出会えるのか、楽しみです。

夏には次男が保育園で作ってきたクラゲも飾ります。

第2章 スモールスペースで すっきり暮らす工夫

基本は白。目に入る色の数を絞って

スモールスペースですっきり暮らすコツはいくつかありますが、そのひとつは「色の数を絞る」ことだと思います。部屋に様々な色があふれていると、物の存在感が増して視界がごちゃついてしまいます。

わが家の場合、リビングや子供部屋のメインカラーは白、差し色には木目調やグリーン、ブラウンと決めて家具を揃えています。目に入る色数が少ないだけで、部屋が広く見える気がします。

キッチンも同じです。キッチングッズの色は、なるべく白とステンレスカラーで統一しています。収納棚から、ヘルシオ ウォーターオーブンや食洗機などの家電も白です。ホットクックも白が欲しかったけれど、購入時、大きなサイズはレッドしかありませんでした。メーカーに問い合わせて「今のところこのサイズで白を作る予定はない」という返事だったので、レッドを購入したくらい、白にこだわっています（実際は1年後に白が出たのですが……）。

そして、洗面所。洗面所は狭いスペースに整髪料やコスメなどたくさんのものを置くので、色があふれやすい場所です。

ここでひと工夫。外装がシールなどで剥がせるものは、剥がしてしまいます。シールが剥がせないものは、100円ショップで買った無地のラベルシールを上から貼って。

目に入る色や文字、柄が少ないだけで、簡単にすっきりと見せることができます。

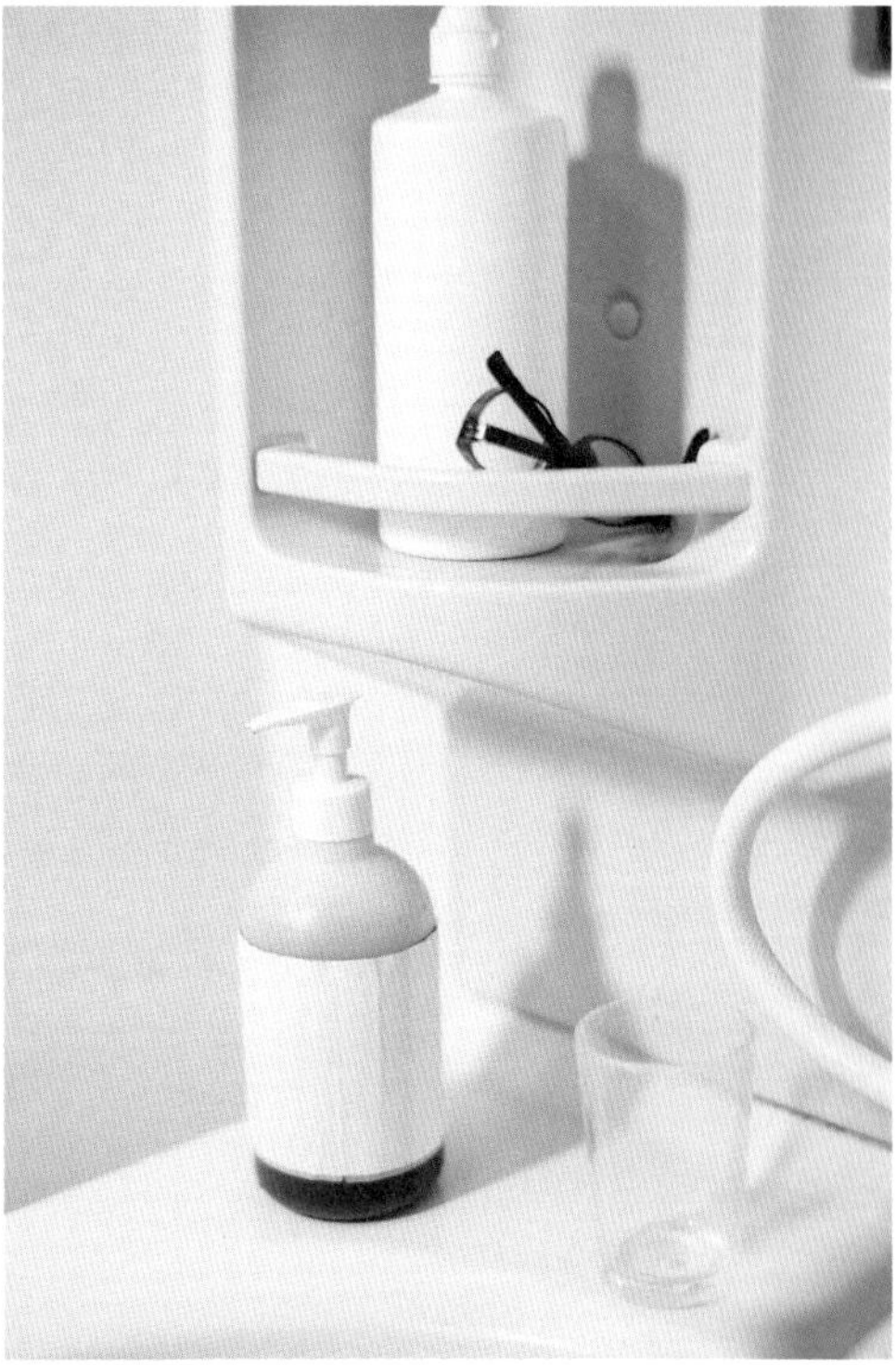

（左）キッチンはゴム手袋もこだわって白色に。小さいグッズこそ色の氾濫をおさえるのが、すっきりのポイント。
（右）ラベルを剥がして白いボトルに。下のうがい薬には無地のラベルシールを貼っています。

段ボールが収納に便利。インテリアにも馴染む

新たに収納したいものが出てきたとき、まず使うのが段ボールです。収納グッズを買うのは最終手段。まだ幼い次男や次女はおもちゃ箱の上によじ登って遊ぶことがあり、丈夫な段ボール箱でも破れてしまうことがありますが、そんなときでも買い替えやすいのがグッド。たたんで資源ゴミに出すことができ、気軽です。

わが家で使っている段ボールは、厚みがしっかりとした無地のものです。無地であれば、意外とインテリアに馴染みます。

購入先はいつもホームセンター。小さなものから大きなものまでサイズが豊富なうえに、値段も安い。みかん箱より大きなサイズのものでも、税込み300円くらいで購入できます。収納ケースとしての段ボール使い、なかなか気に入っています。

子供部屋ではおもちゃ箱（右）、リビングではオムツ入れ（左上）、ベランダではゴミの分別（左下）に。壊れたり汚れたら気軽に交換でき、あちこちで便利に使っています。

カラーボックスでクローゼットの中を有効活用

（上）リビングのクローゼット。
（下）子供部屋のクローゼット。書類などを収納しています。

家の中をすっきり保つため、できる限り、ものはクローゼットの中にしまうようにしています。がらんとしたクローゼットを最大限活用できるよう、使っているのがカラーボックスです。

リビングと子供部屋、寝室のクローゼットに、ひとつずつカラーボックスを入れています。カラーボックスを入れると、床面だけではなく高さも活用して収納が可能。空間をムダなく使えます。

たとえばリビングのクローゼットでは、1段目に子供たちの家庭学習用テキストのストックや裁縫グッズ、2段目に私のアクセサリーやノート、3段目に薬を置いています。

また、カラーボックスの上も収納スペースとして使えるので、季節の飾りを収納している箱や、アロマオイルグッズを置いています。

カラーボックスを置くことでうまい具合に仕切りができ、何がどこに置いてあるかが一目でわかります。家族が「○○はどこ？」と聞いてきたときに、「リビングのクローゼットの、カラーボックス3段目！」と明確に場所を答えることもできます。

洋服はハンガー掛けがコンパクトで時短

服は、ハンガー掛けをメインにしています。6人家族だと、誰がどの服を持っているか、すべてを覚えていられません。けれどハンガーに掛けてあれば、ざっと服が並んでいるので一目瞭然。

クローゼットを開けるたびに目に入るので、買ったけれど、しまったまま忘れてしまい、次の年に引き出しの奥から発掘……！ということもありません。

また、わが家では洗濯物をたたんだり片づけたりするのは、上の子たちの仕事です。家事はラクな方がいい。手伝いもラクな方がいい。毎日のお手伝いがなるべくラクに、時間もかからないようにするには？と考えた結果、トップスはできる限りハンガーに掛けようと思いつきました（下の子たち2人の小さなトップスは、まだたたんでいます）。

ハンガーであれば、洗濯した服が乾いたら、そのままクローゼットのポールに引っ掛けるだけ。その分、たたむ枚数を減らすことができ、時間が短縮できるのです。

ハンガーは、家族全員分を無印良品のハンガーに揃えました。揃えるための初期コストはかかりましたが、子供たちの負担が減らせるならOK。

また、ハンガーが揃っているだけで、服のデザインや色がバラバラでも、不思議とクローゼットがすっきり見える効果も。

コストをかけただけのことはあったと思っています。

リビングのクローゼットには、上の子2人のトップスと夫のシャツ、私のカーディガンと長袖ニットが掛かっています。

寝室のクローゼットには、オフシーズンのトップスとコート類を収納。

トップスは洗濯したらハンガーに掛けて干し、そのまま取り込むだけ。ラクなので、子供にも負担になりません。

「使う場所」に置く。同じはさみが3ヵ所に

ものは、「使う場所」に置くようにしています。どこかの部屋に取りに行き、戻ってきて使う……となると、使った後に元の場所に戻さなかったり、そもそも取りに行くのが面倒で、しようと思っていたことを後回しにしてしまったりするからです。

わが家では、同じはさみを3本も持っています。1本はダイニングの文房具コーナーに。その日届いた書類の封筒を開けるときなど、毎日のように使います。

キッチンにも1本。パスタや乾物の袋を開けるために。もう1本は洗面所の収納棚です。洗面所には洗濯機があり、服やタオルにほつれがあれば、気づいたときにチョキンと切ります。

もしはさみが1本しかなかったら、どうなるでしょうか。リビングで使ったはさみをキッチンに持って行ったり、脱衣所に持って行ったりする必要が出てきます。

そうすると、毎回決まった場所に戻せる自信がありません。ましてや、家族は戻せないでしょう。わが家には3本でちょうどいい感じです。

家族のものを置く場所は、動線を考えて場所を決めます。入浴後に履く下着とパジャマは、バスルームから出てすぐ手に取れるように脱衣所に。家族も使う筆記用具は、リビングの文房具コーナーへまとめています。

取りに行って使っているものがあれば、置き場所を見直すようにしています。

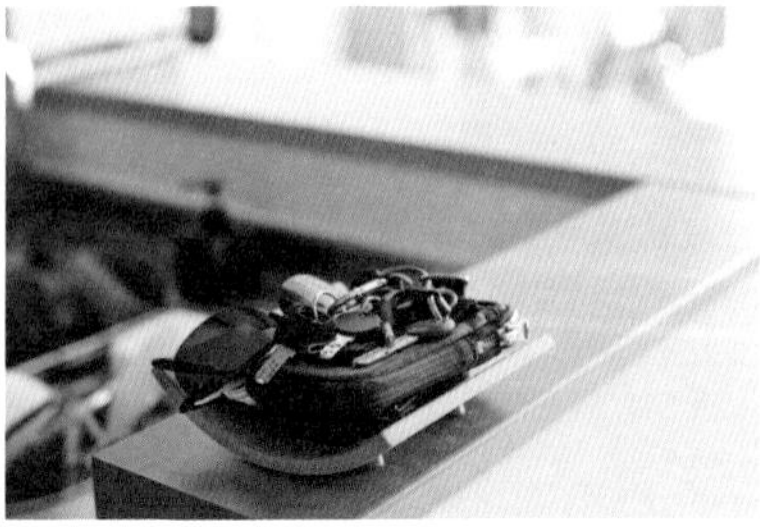

夫のキーケースや財布はキッチンカウンターの上を置き場所に。帰宅したら、玄関からどこに立ち寄ることもなく置けるようにと考えて。

脱衣所に置いた収納カゴには、入浴後に着る下着とパジャマを入れて。家族分をまとめて入れています。

3本ある同じはさみ

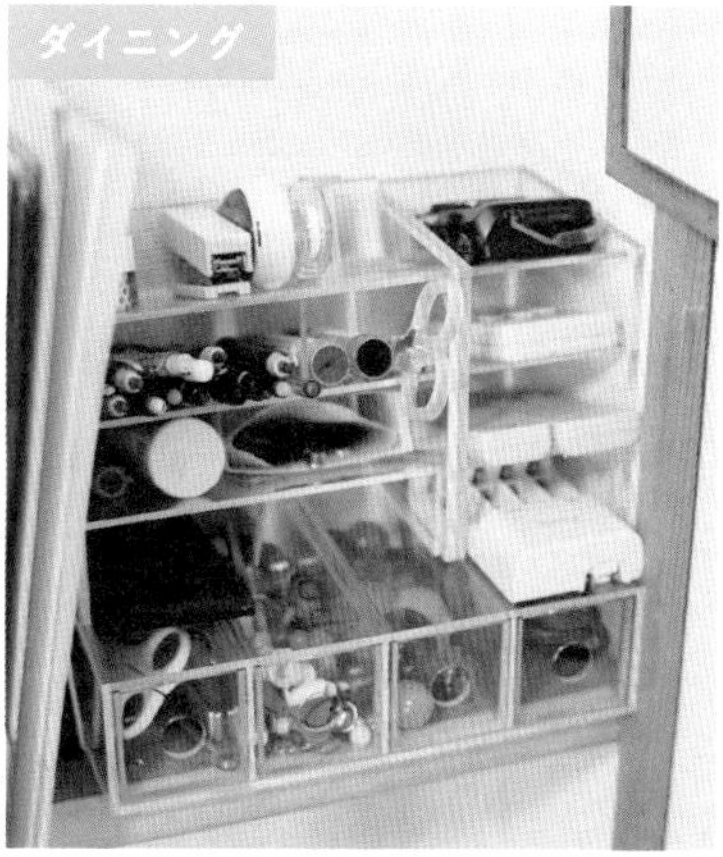

文房具コーナーに。

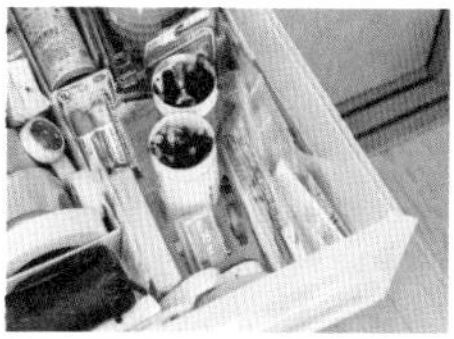

文房具は使う分だけをを置き、ストックは別の場所に保管。

パスタや乾物の袋などを開けるとき用に。

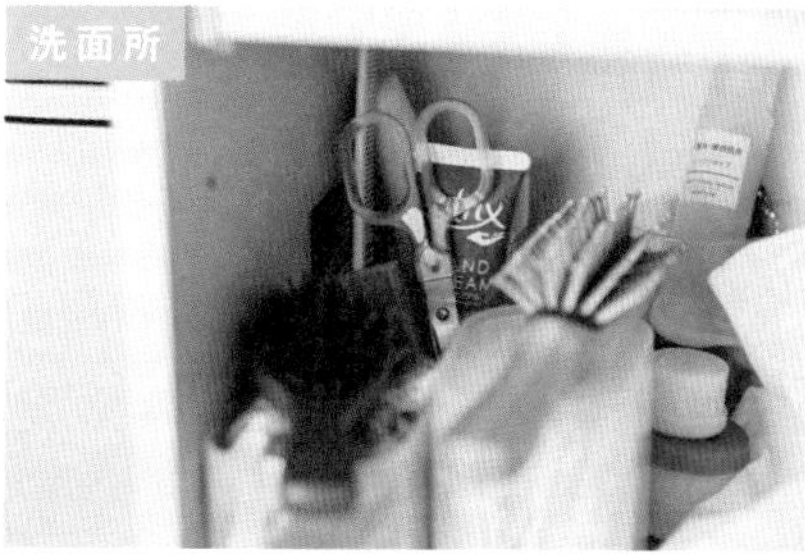

服やタオルのほつれを切るときなど用に。

紙類や脱いだ服の「とりあえず置き場」はマスト

子供たちが学校や園から持ち帰る書類、自分の書類……。つい「ちょい置き」し、部屋が散らかる原因に。その日のうちに処理するのが理想ですが、手が回らなかったものは、ダイニングに置いている「とりあえず置き場」のバッグに放り込みます。

とにかくなくさないことを第一に、週末の時間があるときにまとめて処理するよう努力しています。

洋服も、置き場を決めていないと、脱いだ服をソファの上に置いたり、椅子の背もたれに掛けておいたり……部屋はすぐに散らかります。

そこで、脱いだ服の「一時置き場」を決めています。朝起きたら、パジャマは脱衣場のカゴへ。今日着たけれど、まだ洗わなくていい服はこのカゴへ。洗う服は、すぐに洗濯機。脱いだ服の行き先をはっきり決めて、家族でルールを守っています。

脱衣所の、今日着たけれどまだ洗わない服の「とりあえず置き場」。p35の写真の上部分です。

ダイニングテーブルの近くにある、書類の「とりあえず置き場」。無印良品のもの。白色で目立ちません。

持ち物を見直す時間を定期的に作っています

ものを持ち過ぎないためには、「見える」ことが大切だと思っています。詰め込みすぎて見えないと、同じようなものを買ってしまい、またものが増えることになります。

持ち物は定期的に「全部出して」見直します。今日はこの引き出し、次はあの棚というように場所を決めて。そして、よく使うものから手前に置きます。

もうこれは使わないいな、と判断する基準は「半年間使わなかったもの」です。

ものを手放すときは、主にメルカリやブランディアを利用しています。あとは、年1回のバザー献品。人様にお譲りしてもよさそうなものは、寝室のクローゼットにある「手放し品ボックス」にストックして、タイミングをみてどんどん手放すようにしています。

何を買って、どこにしまって、何がどれだけ使われているから、このタイミングで買い足して……。ものを管理していると、脳内メモリを無意識のうちに相当使っている気がします。

自分のもの、家族のもの、キッチンなどの消耗品……。持つものを自分が快適に把握できる範囲まで少なくできれば、その分、脳内メモリも使わずに済むはず。

「今」を基準に、ものを持つようにしています。これから子供が大きくなれば、それに伴い持ち物も変わっていくでしょう。その時々でものを見直し、入れ替え、収納場所を変えていくことで、対応するつもりです。

第3章

手早く美味しい食事を作るキッチン

旬のものは栄養価が高く、味が濃い。蒸すだけ、焼くだけ、素揚げするだけのシンプル調理でも美味しい。おまけに値段も安い。さつまいもはシーズンによく食べます。

朝食はごく簡単に、夕食でバランスをとる

「毎食しっかりした食事を出そう、栄養があるものを用意しよう」という気持ちは、ずいぶん前に手放したもののひとつです。

子供たちは昼に給食があるし、「1日のトータルで必要な栄養がとれればOK」と、気持ちをラクに考えています。

平日の朝食はごく簡単なもの。前の晩にホームベーカリーへセットしておいた全粒粉パンや、生協パルシステムで買っておいたシリアルが定番です。とにかく簡単に用意でき、上の子たちが自分たちでセットして食べられるものを基準に用意しています（ちなみに夫は、自分の食べたいものを自分で用意します）。

朝が簡単な分、夕食には手をかけます。肉や魚、野菜や豆類、海藻類。おかずのバランスを整えるのはもちろん、旬のものを食べるようにしています。

調理家電で料理が劇的にラクになりました

ごはん作りには、自動調理機（ヘルシオのウォーターオーブン、ホットクック）を最大限に活用しています。

下準備した材料を入れたら、スタートボタンを押せばいいだけ。加熱中に火加減を見たり、素材の上下を返したりする必要がありません。

自動調理機に1品任せている間に、他のおかずを作ることもできますし、ちょっとした片づけをすることもできます。同時に何かを進められるので、寝る時間が今までより30分早くなったくらいです。

料理を自動調理機に任せるようになって、作り置きをあまりしなくなりました。作り置きがあると、「そろそろあれを食べなくちゃ」と気になったり、「昨日出したから今日はやめておこう」と順番を考えたりすることがありましたが、今は冷蔵庫にあるものをヘルシオで焼けばいいやと気楽です。

ごはん作りで大事にしているのは、疲れないこと。その時々で、時間や手間がもっともかからない方法を選んでいます。

たとえば、鶏肉はフライパンで焼くよりもヘルシオで焼いた方がラクです。鶏肉はフライパンで焼くとなかなか中まで火が通りませんが、ヘルシオなら加熱水蒸気を使いながらしっかりと加熱してくれます。

ヘルシオやホットクック以外にも、フードプロセッサーやホームベーカリーなど、便利なキッチン家電に大いに助けられています。

愛用のキッチン家電

ヘルシオ ウォーターオーブン

焼いたり、蒸したり。フライパンでできることはたいていお任せ。加熱水蒸気を使い、肉や魚を中はふっくら、外はカリッと焼き上げてくれます。焼いた後は「庫内クリーン」機能を使ってお手入れするだけ。

蒸し機能も優秀。芋やほうれん草を蒸したり。準備も後片づけも簡単。ヘルシオ2つを使い始めてから、蒸し器と圧力鍋を手放したくらいです。

チキンステーキ&ルッコラ。カリッと焼き上がる。

ハンバーグ。一度にたくさん焼けるのが嬉しい。

蒸し調理もお手のもの。肉まんを蒸すのに。

フレンチトースト。おやつ作りにも大活躍。

フードプロセッサー

馬力の強いクイジナートのフードプロセッサーは、にんじんや玉ねぎ、キャベツなどをあっという間にみじん切りにしてくれます。

まな板の上で包丁で刻んでいたときと比べると、時間も労力も10分の1！ハンバーグやミートソースを気軽に作れるようになりました。揚げ物用に、パン粉を細かくさらさらにするのにも使っています。

大量のにんじんのみじん切りもあっという間。

蒸したじゃがいもをマッシュポテトに。

ヘルシオ ホットクック

カレーや肉じゃが、野菜スープ、具だくさん味噌汁などを作るときに使います。

素材から出る水分を使って調理してくれるので、使う水は最小限。料理の味が水で薄まらず、調味料を使う量が減りました。

材料をセットしてスタートボタンを押せば、火加減を見たり途中でアクを取ったりする必要なし。簡単に美味しい料理に仕上げてくれます。

カレーは焦げつきの心配なし。

ウインナービーンズ。大豆も大量に蒸して。

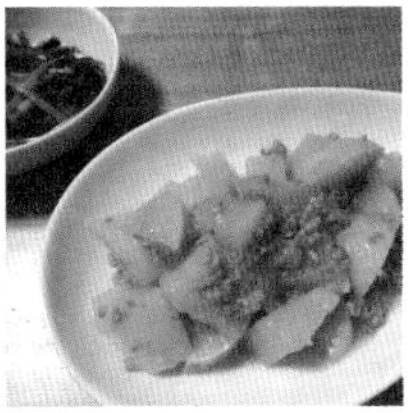

大根と挽肉のとろとろ煮。

野菜スープ。

ホームベーカリー

主に、朝食の全粒粉パンを焼くのに使っています。

夜寝る前の5分間で材料をセットして、焼き上がり時間を予約。これだけで、朝起きたらホカホカの焼きたてパンを食べられます。

たまに生地だけ作って、おやつパンを作ることも。レトルトあずきやチョコレートをくるんで焼くと、子供たちが大喜び。ピザ生地も作れます。

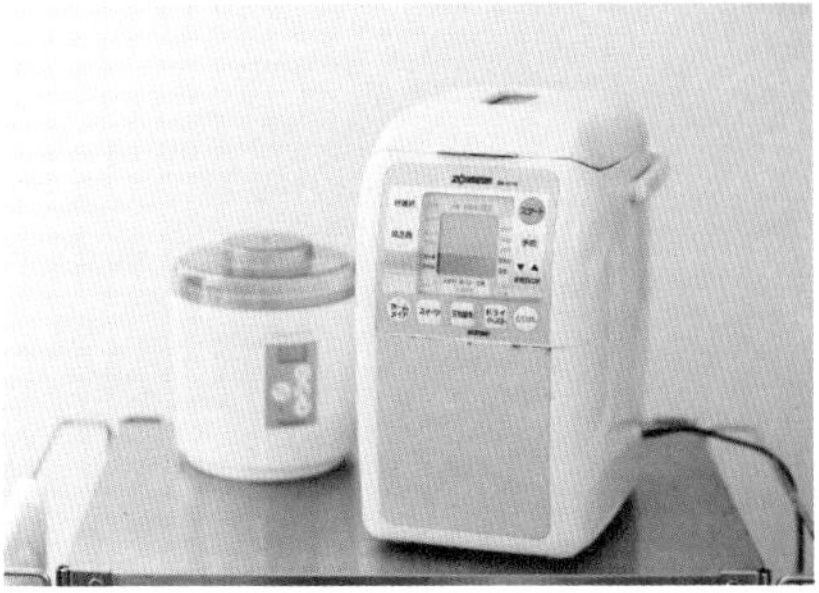

あんぱん。あんこを入れてヘルシオで焼きます。

全粒粉パン。毎日の朝食に。

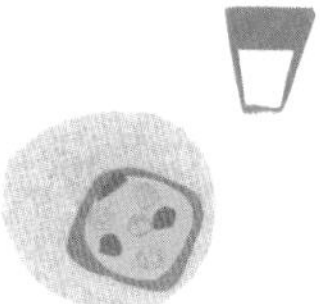

おかずは個別のお皿に盛りつけることはしません。鍋のままか、ひとつの皿にどんと出し、
各自で自分の小皿に取り分けるようにしています。

一瞬で献立が決まる「4つの組み合わせ」

わが家は家族全員、食べることが大好きです。一日の終わりの夕飯は、みんなでゆっくり食べたい。家族のリクエストも聞きながら、おかずを4品出すようにしています。

4品って、大変そうに聞こえるかもしれません。けれど、私の調理法はごくシンプルなものが多く、焼いたり蒸したり炒めたりするだけというのもたくさんあります。ミニトマトなど洗って出すだけのものでも、もちろん1品。

時間や手間をかける料理は週末やイベント時だけと割り切って、平日は簡単に仕上げられるものを選んで作ります。

何を作るかは、4つのカテゴリーで考えて決めていきます。①肉or魚②大豆製品（豆腐or納豆or豆料理）③卵（卵焼きやゆで卵）④野菜です。夕飯でたん

献立4つの組み合わせ例

肉or魚	大豆製品	卵	野菜
チキンステーキ	厚揚げ焼きのかつおぶしのせ	卵焼き	小松菜と本シメジのオイル蒸し
鯖の塩焼き	豆腐ステーキ	ゆで卵の塩麹まぶし	ほうれん草とコーンのバターソテー
冷凍餃子	納豆	チーズ入り卵焼き	白菜とシーチキンのうま煮
肉じゃが	麻婆豆腐	ゆで卵のごま塩がけ	キャベツのアンチョビ炒め

ぱく質をしっかりとりたいと思っているので、この組み合わせ。

それぞれのカテゴリーから1品ずつ決めていきます。たとえば、ある日の夕飯は①むね肉で作った鶏ハム②納豆③チーズ入り卵焼き④ブロッコリーのオイル蒸し、といった感じです。

あらかじめ献立を決めることはしていません。その日の朝の出勤前に冷蔵庫をチェックして、今晩はこんな感じで作ろうかなあとざっくりイメージします。帰宅後、再度冷蔵庫の中を見ながら、カテゴリーごとにおかずを決めます。

この方法に落ち着く前は、3日ごとや1週間ごとの献立を考えていたこともありました。予定どおりに進むと、食材も計画的に買えるし、毎回考える必要がなくラク。……けれど私の場合、家族の体調に合わせてメニューを変更したり、やっぱりこっちを先に食べたいと考えたり。

そんなこんなで、数日分の献立を立てるのはやめました。「4カテゴリーで考える」のざっくり方法がストレスもなく、今の私に合っています。

何でも素揚げ

油で揚げるときは、衣をつけるよりも素揚げが好き。素材の味が楽しめるうえ、準備や片づけの手間も減って、何よりラク。野菜でも、芋でも。揚げたては塩をぱらりとかけるだけで美味です。

野菜の揚げ浸し

〈 作り方 〉

水に麺つゆを加え、好みの濃さの浸し液を作っておく。なすとパプリカを洗い、食べやすい大きさにカットしたら、油で素揚げ。色良く揚がったら引きあげ、浸し液に浸ける。食べる直前にかつおぶしをのせる。夏は冷やして食べても。

らくちん・美味しい おかずレシピ

5分でカンタン一皿　きゅうりのパリパリ

きゅうりは意外と傷みやすい。買ってきたら早めに使うようにしています。子供たちに好評なのが、きゅうりのパリパリ。手間なく簡単にできる副菜です。

〈 作り方 〉

きゅうりは洗って、小さめの乱切りにして清潔なビニール袋に入れる。ポン酢と少々のごま油を加え、きゅうりにからませる。10分ほど置いたら器に移し、すりごまをかけていただく。

野菜のオイル蒸し

野菜は油をかけて蒸すと、茹でるより素材の甘さが引き立ちます。白菜などの葉物はかさが減り、たっぷり食べられます。使う油はオリーブオイル、ごま油、菜種油など。

白菜のオイル蒸し

〈 **作り方** 〉

白菜は食べやすいサイズにカット。ごま油、白菜、酒大さじ1、水50ccを加えて鍋に蓋をし、さらにごま油を回しかけて中火にかける。白菜がくったりするまで加熱。調味は塩または鶏ガラスープの素少々で。ツナ缶を加えても美味。

ブロッコリーのオイル蒸し

〈 **作り方** 〉

鍋にオリーブオイル、薄切りにんにく、カットしたブロッコリーを入れる。塩少々と水50ccを加えて鍋に蓋をし、さらにオイルを回しかけてから中火にかける。好みの柔らかさになるまで火を入れる。

5分でカンタン一皿　きのこのペペロンチーノ風

本しめじや舞茸、エリンギやえのき。単品で作っても、何種類か混ぜても美味しい。そのときお買い得なきのこを選んで作っています。体にも財布にもやさしい副菜です。

〈 **作り方** 〉

フライパンにオリーブオイルと薄切りにんにく、食べやすい大きさに切ったきのこを入れる。白ワイン（または酒）大さじ1、塩少々を加え、蓋をして火にかける。きのこがくったりしたら出来上がり。

鶏手羽元が安くて美味しく便利！

手羽元は安くてボリュームもあり、煮込むとほろほろになって美味しい。よく作る調理方法を2つご紹介。

手羽元のタンドリーチキン風

〈 作り方 〉

ビニール袋に手羽元、プレーンヨーグルト、ケチャップ、カレー粉、塩少々、はちみつ、すりおろしにんにく・生姜を入れて揉み込み、1～2時間漬けておく。鍋に油を敷き、漬け汁ごと鶏手羽を入れ、蓋をして火にかける。沸騰したら弱火にして煮込む。

手羽元と白菜の煮物

〈 作り方 〉

鍋を熱し、油を敷く。手羽元の皮目を焼いたら、かぶるくらいの水を入れ、カットした白菜も加える。酒、みりん、醤油を1: 1: 1の割合で加えて味付けし、肉に火が通るまで煮る。

レバーの竜田揚げ

鉄分補給のため、定期的にレバーを食べるようにしています。新鮮なレバーを見つけたら作る１品。カラッと揚げると食べやすいのか、子供たちもよく食べます。

〈 作り方 〉

清潔なビニール袋にレバーを入れ、塩こしょうする。小麦粉を入れて袋を振り、レバーの表面にうっすらとまぶす。表面がカリッとなる程度に油で揚げて、出来上がり。塩こしょうの他、ニンニク醤油で味付けしても美味しい。

ししゃも焼き

わが家によく登場する「尾頭付き」！生協パルシステムで購入する袋入りの冷凍ししゃもを、凍ったまま焼いています。カルシウムも摂れる、お手軽メイン。

〈 作り方 〉

魚焼きグリルの場合：焼き網にししゃもを並べ、焼きすぎないよう気をつけながら両面を焼く。
ヘルシオの場合：角皿にオーブンシートを敷き、その上に重ならないようにししゃもを並べる。「おまかせ焼き」で焼いて、出来上がり。

手巻き寿司

家族みんな大好き。ツナマヨやカニカマ、きゅうりに卵焼き、そのときにお買い得な刺身を用意するのが、わが家の定番です。焼肉のたれで味付けした豚小間や、カレーパウダーを振った鶏肉も大人気。

〈 作り方 〉

炊飯器のすし飯モードで炊く。炊けたら、すし酢を使ってすし飯を作る。ごはんを炊く間に、具材を用意。海苔は食べやすいサイズにカット。それぞれ食べたい具材を選んで自由に手巻きする。

スコーン

スコーンミックスを使って。焼きたてにブルーベリージャムを添えます。レーズンを混ぜて焼いても美味しい。バターを使わず、菜種油で作ることが多いです。

チーズケーキ

家族みんなが大好き！材料をフードプロセッサーでどんどん混ぜて、琺瑯容器に入れて焼くだけ。いつでも焼けるよう、クリームチーズは冷蔵庫に常時ストック。

わが家で作る おやついろいろ

休日に時間があれば、おやつを作ります。よく作るのは、材料や道具が少なくて済むもの。そのまま蒸すだけ、混ぜて焼くだけのものが多いです。スコーンミックスなど、粉を量ったりふるったりする必要のないミックス粉もよく使います。食べるのが大好きな子供たち、作るそばから笑顔です。

バナナケーキ

バナナが熟れすぎてしまったら、バナナケーキを作ります。ホットケーキミックスに潰したバナナを混ぜて焼くだけ。チョコレートをのせても。

クッキー

生地はクッキーミックスを使って簡単に用意。その分、子供たちがデコレーションする時間をとります。カラフルゼリーをのせたり、チョコチップをのせたり。

やきいも

やきいもをおやつによく出します。食物繊維たっぷり、ボリュームもあって腹持ちがいい。わが家ではヘルシオで蒸していますが、鍋で作ることもできます。

じゃがバター

じゃがいもを蒸し、皮をむいたら塩こしょう、バターをのせていただきます。バターの代わりにスライスチーズをのせることも。

菜箸が4組、計量スプーンも大小3組ある理由

ラクにごはんを作るということは、調理中のことだけではなく、準備から食べた後の片づけまでトータルで考えること。

鍋やフライパンは吊るす収納にして、すぐ手に取れるようにしています。

ひとつのものを作るときには、どう作ればいちばんラクかを考えます。

先にも書きましたが、たとえばチキンステーキを作るとすると、フライパンで焼くよりもヘルシオで焼いた方がラクです。ヘルシオなら加熱中に肉の上下を返したり、火加減を確認したりする必要がないからです。

ヘルシオに任せている間に他のおかずを作ることができますし、チキンステーキを食べ終わった後は、使った角皿を食洗機で洗えるからラク（わが家の食洗機のサイズではフライパンは洗えません）。

まな板はなるべく使わなくて済む方法を考えます。まな板って、使った後にしっかり汚れを落とし、時には消毒をして……なかなか手入れが大変です。

捨ててもいいチラシ紙を広げて、その上で野菜の皮むき、肉はキッチンバサミで切るなどして、まな板を使うのは最小限にしています。日によっては、まったく使わない日もあるくらい。

おかずはどんと作って、鍋のまま出します。ヘルシオなら角皿のまま出すことも。大皿に移すとなると、角皿も大皿も両方洗う必要があるからです。

帰宅後40分で夕食スタート

18:30 〜 18:35	5分	帰宅 手洗い、部屋着に着替え
18:35 〜 18:45	10分	下準備 肉に塩麹をまぶす、野菜をカットするetc.
18:45 〜 19:05	20分	調理 ヘルシオにセット（あとはほったらかし）、グリルにセット、フライパンで炒め物etc. 手を動かしながら、上の子たちの家庭学習の確認 調理を終えたら、保育園の連絡帳や学校の書類をチェック
19:05 〜 19:10	5分	子供たちが配膳 朝食で使った食器、夕食作りで使った調理器具などを食洗機へセット
19:10 〜		夕食スタート 同時にお風呂を沸かし始める

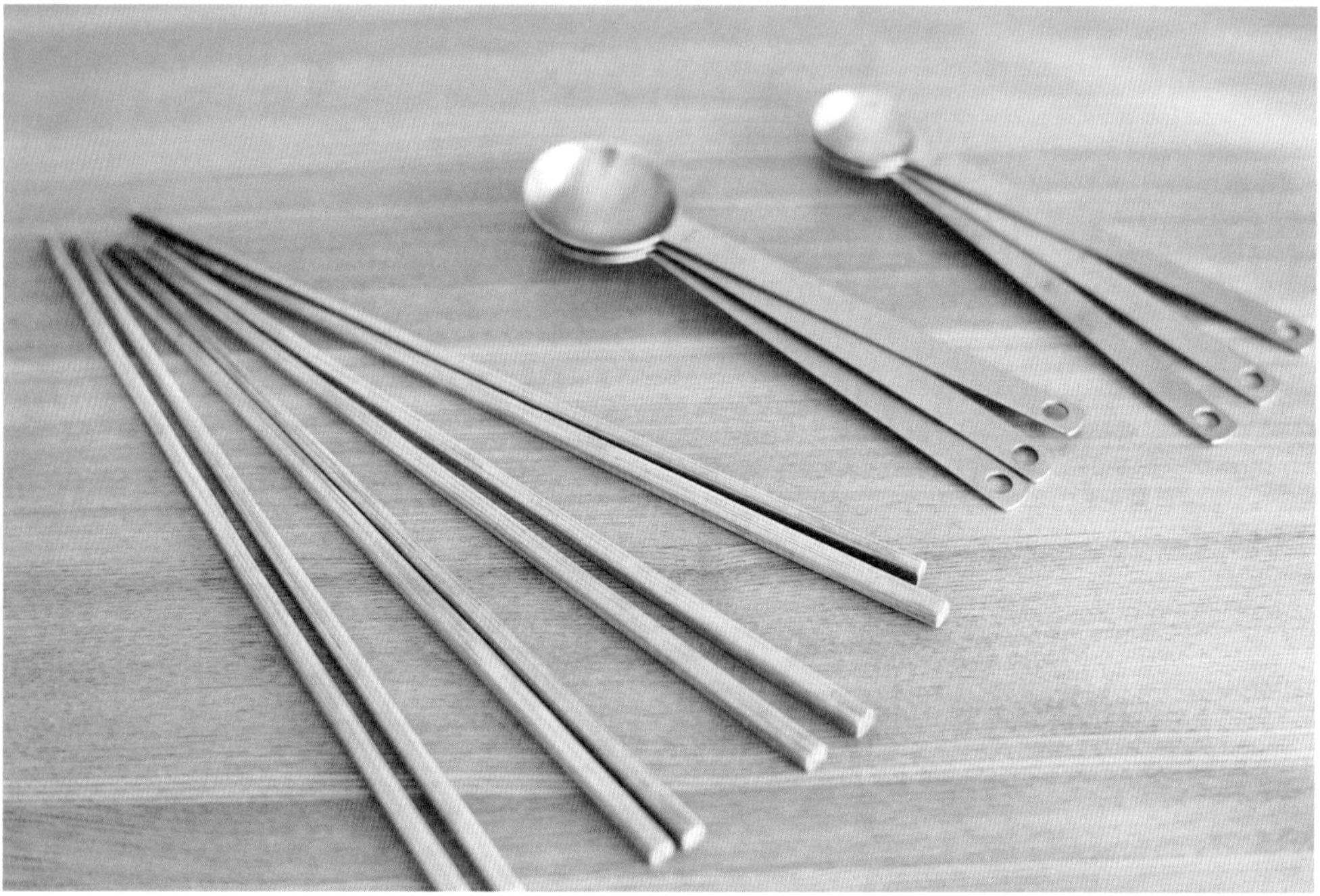

菜箸は4組、計量スプーンは大小それぞれ3つ。時短重視、使って洗って拭いて…の手間を省くための工夫です。

鉄フライパンなど、そのまま食卓に出しても美しいデザインのものを多用しています。

すっきり暮らすために、ものはなるべく持ちたくないけれど、家事が少しでもラクになるならば、同じものでも複数持つようにしています。

菜箸は4組。作るおかず別に箸を使えば、肉を炒めた後だからいったん洗って……とする必要がありません。

計量スプーンも3組。大小3組ずつ持つと、調理がスムーズです。

醤油やみりんなど液体調味料を量った後に、砂糖や塩を量るんだった！　いったん洗って拭かなくちゃ……というようなストレスがなくなります。

ガスコンロ上部に、フライパンや鍋蓋を「吊るす収納」。お玉やトングも出しておき、すぐ使えるように。

刃がカーブして使いやすいはさみ(貝印)。ゆで卵も身を崩さずに半分に。

炒め物などはフライパンのまま食卓に出すことも。熱々を保つこともできます。

出しっぱなしでも様になるラバーゼのボウル

キッチン道具にはこだわっています。

選ぶ基準は、「そのまま食卓に出しても様になるもの」。佇まいが美しいものは、使いやすさも備えている気がします。

ボウルやザルは、料理家の有元葉子さんがプロデュースするラバーゼのものを少しずつ揃えてきました。

ボウルやザルは縁がくるんと丸まっているものが多く売られていますが、ずっと使っていると、その部分に汚れがたまりやすい。ラバーゼのキッチングッズにはその巻き込みがなく、ずっと清潔に使えます。

ボウルにザルをそのままセットして使うこともできますし、別売りのステンレスプレートを組み合わせればボウルの蓋として使え、ラップが不要な点も気に入っています。

ボウルとザルは普段ヘルシオの上に置いていますが、出しっぱなしでも様になります。

キッチンに立っていると、それはもう頻繁に手を拭きます。手拭きがびしゃびしゃになると気持ちが悪いから、からりと早く乾く手ぬぐいを使っています。

手ぬぐいのいいところは、乾くのが早いところ。キッチンに立つ時間が長い日は、手ぬぐいを2枚使いします。使っている方が濡れてきたらワゴンに掛けて乾かしておいて、もう1枚を出す。そのもう1枚が濡れてくる頃には、ワゴンに掛けてある方が乾いています。

いつもさらっと気持ちよく手を拭けるよう、ローテーションです。

ムダのないシンプルなデザインでありながら、工夫次第でいろいろな用途に利用できるラバーゼのキッチン道具。私にとって一生ものです。

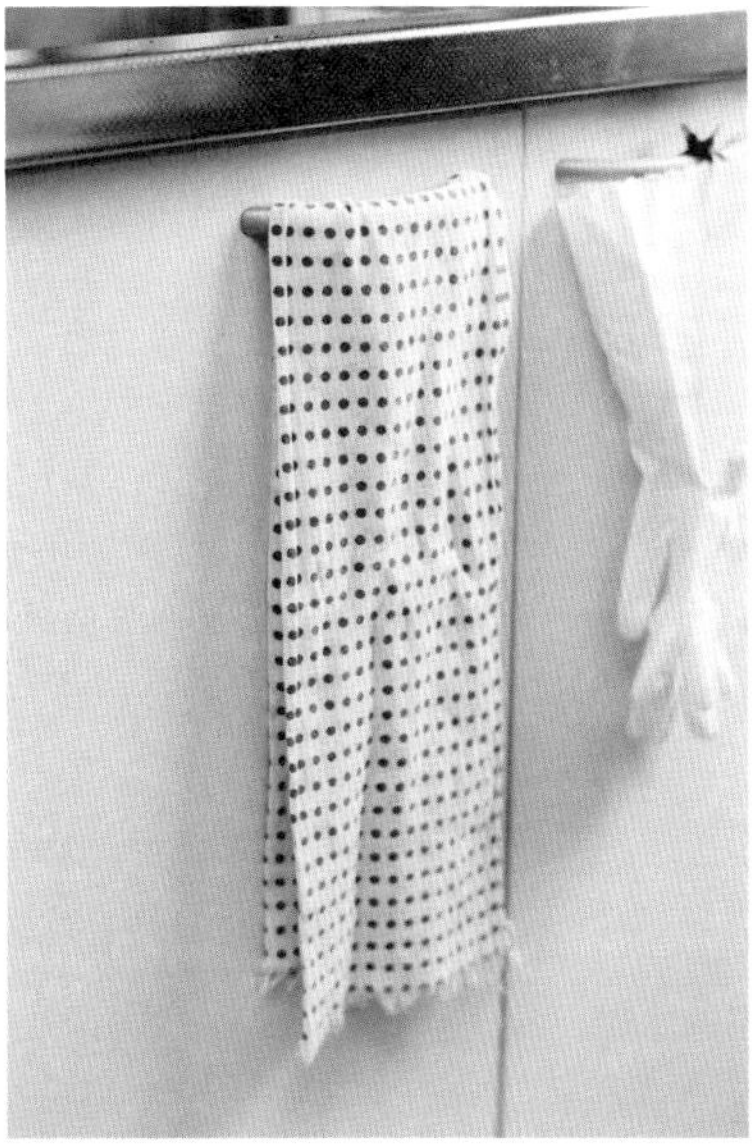

料理中や食器洗い中など、頻繁に手を拭きます。手ぬぐいをシンク下収納の取っ手に掛けて。豆絞りがかわいい。

手ぬぐいのストックは、シンク上に取りつけた吊り棚に収納。

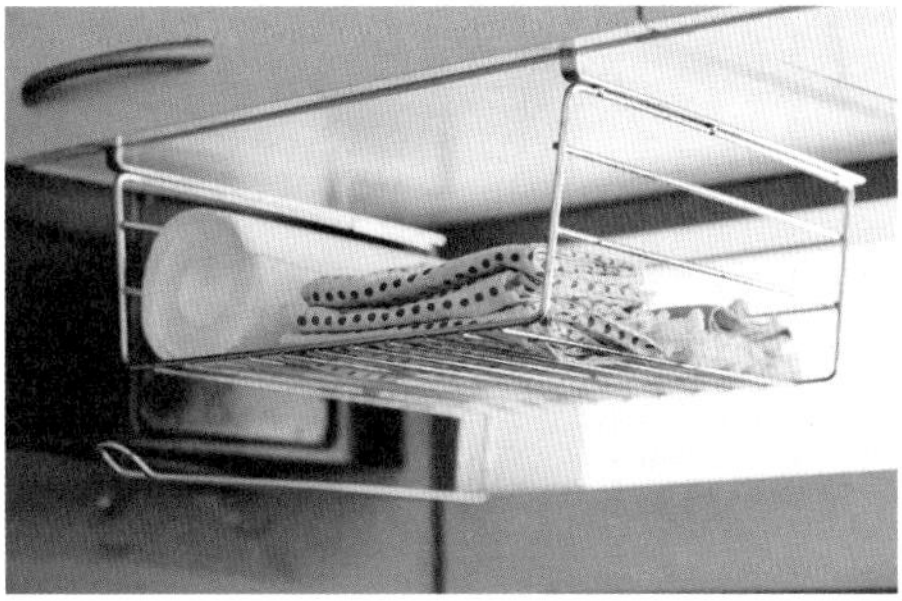

食器のベースカラーは、和食にも洋食にも合う白。アクセントカラーとしてブルーを入れています。波佐見焼の中から選ぶことが多いです。最近はネットでの購入も。

子供専用の食器はなし。代わりに同じ小皿14枚

食器は好きだけれど、収納スペースを考えると、わが家の適量は「引き出しに入る分」。キッチンに備えつけの引き出し4段に収まるだけにしています。

小皿やお椀、グラスなど、誰がどれを使ってもいいように、同じものを多く揃えています。取り皿に使う皿は14枚持っています。菜箸と同様、いちいち洗わずさっと出す工夫です。

新しい食器を選ぶときは、いくつかの用途で使えるかどうかも考えます。たとえば、少し前に購入した蕎麦猪口は、デザートカップとして食後にヨーグルトを入れるのにも使えます。

いわゆるベビー食器は買わずに乗り切りました。離乳食作りに買ったのも、普段使いできるような白のシンプルなゴマすりくらい。大人も子供も同じものを使うことで、食洗機のセットもラクです。

引き出しのいちばん上にはカトラリー類。無印良品等の仕切りを使い、分けて入れています。

2段目には飯椀や取り皿、豆皿。上の子たちが手伝いで出し入れするものは、取り出しやすいここに。

3段目にはカップやグラス類。低い位置なので、3歳の次男も自分でグラスを取り出せます。

4段目にはカレー皿やどんぶりなど、大きなサイズの重い食器が中心。仕切りで立てて収納しています。

シンク下の収納には野田琺瑯を入れて。食器としてそのまま食卓に出すことも。

弁当箱や水筒はケースに投げ入れ式でざっくり収納。シンク上の高い棚のため、取っ手付きが引き出しやすい。

生協の宅配で、平日の買い出しはほぼゼロ

家族6人、1週間に使う食材の量はけっこうなものですが、スーパーに足を運ぶのは週1回くらいです。

その代わり、便利に利用しているのが生協の宅配パルシステム。冷蔵庫にいつも常備している卵や牛乳、豆腐やヨーグルトなど、平日に食べる分をまとめて注文し、宅配してもらっています。

店頭での買い物は時間がかかるものです。小さな子供を連れてだと、なおさら。お米や調味料の瓶、たくさんの野菜を買ったら、相当重たい買い物袋を持つことに……。生協なら玄関先まで届けてくれるので助かります。

しかも、ひとつひとつのものが美味しいのです。スーパーで買うよりも値段は高いと思いますが、卵も豆腐も味が濃く、「きちんと作られている」感じがします。ポークウインナーには国産肉が使われているなど、安心して子供たちに食べさせています。

注文はＷｅｂでしています。冷蔵庫や食料ストックをチェックしつつ、画面上で前回注文したものも確認できるので、まだたくさん残っているのに買っちゃった……ということがありません。

幼児がいる今はとくに、子供を気にせず自宅で品物を選べるメリットも大きいです。

平日はパルシステムで購入したものを中心に食べ、週末に家族で散歩がてらスーパーで週末分を買い足す。今はこのサイクルがちょうどいい感じです。

長男を出産後に利用し始めた生協。気づけば10年以上、わが家の食卓を支え続けてくれています。

冷凍品もよく買います。フライパンで焼けばすぐにメインのおかずにできる冷凍餃子は、子供たちにも大人気。

育ち盛りの子供たちが大好きな、甘くて美味しい牛乳。ヨーグルトもこの牛乳で作られています。

殻がしっかりと固く、割ればぷるんとハリのある黄身と白身。味も濃いです。

夕食前の"つなぎ"として、空腹の子供たちに渡すお魚ソーセージは、化学調味料無添加。

調味料はコストをかけてでも良いものを使う

蒸すだけ、揚げるだけなど、簡単な調理方法が好きです。その分、調味料はコストをかけてでも良いものを使います。良い調味料は素材の味を上手に引き出し、簡単な料理でも美味しさを増してくれるからです。

たとえば塩は、勝間和代さんの本で知った「わじまの海塩」を使っています。海水をゆっくりと蒸発させて作られた、ミネラルを豊富に含む塩です。

1キロ4000円くらいしますが、わが家の場合は2年ほどもちます。今まで使ったどの塩よりもまろやかな旨味を感じる塩。手間ひまかけて作られた対価だと思っています。

料理酒やみりん、みそ、醤油はパルシステムで購入。ホットクックは調理に使う水の量が少ないレシピが多いので、水分で薄まることがない分、使う調味料の量はますます減りました。

塩麹と醤油麹はわが家の定番調味料。たくさん使うので手作りしています（材料を用意したら、ホットクックにお任せで作れます）。

塩を使う場面であれば塩麹、醤油を使うような場面では醤油麹が使えます。

野菜をオイル蒸しして塩麹で味付け。肉と野菜を炒めたときの味付けとしても塩麹。醤油麹は豆腐に乗せて食べても、納豆に混ぜても美味です。

塩や醤油にさらに麹の旨味が足されて、味がピタッと決まりやすい。手放せない発酵調味料です。

手前の「わじまの海塩」以外はパルシステムで購入しています。どれも手頃な価格で美味しく、素材も安心。

左が塩麹、右が醤油麹。常温で作ると、夏場でも1週間ほどかかりますが、ホットクックなら6時間で。炊飯器でも作れます。

缶詰や乾麺のストックだけは常に大量に

なるべく、ものを持たないようにしています。けれど、食料品と家族のものは別。むしろ、ストック多めにしています。

育ち盛りの子供たちは、4人とも本当によく食べます。食料品の消費量はかなりのものです。

冷凍庫にはパルステムで買っておいた、焼いたり油で揚げたりすればすぐ食べられる冷凍品を切らしません。

家族が使う身の回りのもの（髭剃りのプレローションや、子供が上履き洗いに使う歯磨き粉など）も、買うときは1本と言わず2〜3本まとめて買ってしまいます。

その分収納スペースは必要となりますが、ストックがいくつかあれば、そろそろなくなるかな？まだ大丈夫かな？と、使い具合を頻繁に気にする必要なし。私自身が気楽でいられる方を選んでいます。

1品足したいと思うときにすぐ何か作ることができるよう、キッチンの引き出しには缶詰や乾麺などをパンパンになるまで入れています。ストックが少なくなるとソワソワします。

ヘルシオやホットクックのレシピ集は、ヘルシオの隣のファイルボックスに入れ、すぐ取り出せるように。

ヘルシオや食洗機の取扱説明書はシンク下に。家電の手入れをしたいと思ったら、すぐ確認できるように。

キッチン家電の取扱説明書はキッチンに置く

取扱説明書は紙で残す派です。さらに、ファイルにまとめておくというよりは、使う場所にそれぞれの説明書を置くスタイルにしています。

キッチンには、必要なときすぐに取り出せるように、ヘルシオなどの家電類の取扱説明書、レシピ集を置いています。

洗濯機の取扱説明書は洗濯機を置いている脱衣所に置いています。そろそろ槽洗浄をする時期だと思ったら、説明書をすぐに読んで行動に移せます。

別の部屋に取扱説明書をまとめて置いていた頃は、手入れしようと思ったときも取りに行くのがなんだか面倒で、「今度でいいや」としてしまうことがありました。そんなことが数回あり、脱衣所に移したら効果てきめん。思いついたときにすぐ確認できるだけで、フットワークが断然軽くなるのです。

第4章

子供の持ち物管理と教育のこと

子供の服は主にメルカリで調達

新たに子供服が必要になったとき、まずチェックするのがメルカリです。3年くらい前から始めて、売り買いの取引件数は800件を超えました。

子供はどんどん成長します。今着ている服が、1年後にはもう着られないことも多々。わが家ではメルカリを利用することで、被服費をずいぶん抑えられていると思います。

いちばんよく買うのがTシャツ。300円から買うことができます。他にはズボンにトレーナー、コートなど。ベビーチェアやお食事エプロンなど、一時期しか使わないベビーグッズも。

小学校や保育園で身体測定があったときには、結果をスマホで撮影しておきます。靴のサイズもスマホにメモ。これによって、気になったときや隙間時間にスムーズに品物を選ぶことができます。

お出かけ服をメルカリで揃えました。男子はポロシャツ、女子はワンピースを。色々組み合わせて、4人分で3000円ほど。とてもいい買い物だったと思っています。

A4サイズの書類が入る大きさの蓋付き段ボールを、100円ショップで購入。側面に「80」「100」などとラベルを貼って。
（左）クローゼットの上段棚を箱の収納場所に。

シーズンオフ・お下がり服のいちばんラクな整理法

小学校高学年から1歳まで4人の子供がいるので、家で管理する子供服のサイズも80〜150センチまで幅があります。

春夏服に秋冬服、甚兵衛などの季節服。なんとか簡単に管理したいとたどり着いたのは、センチごとに箱に入れる方法です。

1つの箱には、半袖も長袖も関係なく服を入れています。100センチの長袖が必要なときには「100」の箱を取り出して蓋を開け、その中から長袖を出せば済みます。

以前は圧縮袋に分けて入れていたのですが、たしかに省スペースにはなるものの、服がしわくちゃになるうえ、見つけにくい。衣替えもストレスでした。今の方法なら、見つけた服をすぐ着せられます。管理は、ラクがいちばんです。

子供の靴は1足を履きつぶす。新品を1足ストック

靴は、毎日同じものを履かない方がいいと聞きます。

何足か持ち、1日履いたらその靴は休ませてスペアを履く。休ませることで、靴の中をしっかりと乾かせるから傷みにくい……。

そうしたいのはやまやまですが、わが家の場合、子供の靴はひとり1足ずつ。毎日同じものを履かせています。

わが家は60㎡の賃貸マンションです。靴箱も狭く、たくさんの靴は入りません。私と夫は数足ずつ持っていますが、子供も同じく数足ずつとなると、残念ながら靴箱に収まり切らない。

長靴やサンダルは別として、普段履く靴はひとり1足と割り切っています。

ただ、いつダメになるのかわからないのが子供靴。体を動かすのが大好きな長男の靴は、2、3ヵ月でサイドやつま先が破れてきます。

慌てず、いつでも替えられるよう、セールを狙って買っておいた新品をクローゼットにストックしています。

今のところ、子供は全員スニーカーです。おしゃれが大好きな長女も、おしゃれ靴にはまだ関心がない様子。興味が出てきたら、そのときに相談して、購入するかどうか考えるつもりです。

1足しかない靴が濡れてしまったときには、丸めた新聞紙を入れて水分をとります。それでも乾かないときは、ビニール袋に靴を入れてドライヤーで乾かします。

小学生の長男と長女は1足ずつストックを持っておきます。

保育園や学校の書類はひとりにつき1ファイルで管理

保育園や小学校から届く書類は、子供別・種類別に分けてファイルで管理しています。長男長女は小学校と学童、習い事。次男次女は保育園。全部で8つです。

それぞれ書類が届いたら、ファイルの一番上になるように挟みます。そうすると、古いものは自然と下の方になります。

上の子ふたりから「お母さん、前もらったあの紙どこ?」と聞かれても、「小学校のファイル見てね!」で済みます。挟むだけなので、手間もかかりません。

書類を見直すタイミングは、小学校や保育園から月々のお便りが届く月初め。前月分の、見返す必要がなくなった書類は処分します。

小学校に上がったら「その日にもらったお便りと連絡帳を自分でランドセルから出す」のをルールに。習慣になるまで声掛けし続けます。

自分がもらった書類は自分できちんと出して、親につなげる。大切な習慣だと思っています。

子供たちの保険証や医療証、お薬手帳や母子手帳も、子供ごとにジッパー付きの透明ファイルで管理しています。ぱっと手に取れるよう、子供別にマークとなる動物シールを貼っています。

病院にかかる必要が出たら、そのファイルごとバッグに入れればOK。4人分が混ざらず、忘れ物もしなくて済む、お気に入りの収納方法です。

月に1回見直すことで、不要な書類でファイルが分厚くなってしまうことはありません。

ファイルの置き場所は、普段書類を広げるダイニングテーブルの近くに。さっと取り出し、確認しやすい位置です。

いわゆる母子手帳ケースは使っていません。透明ファイルは中身を確認しやすく、薄くて軽いので持ち運びがラクです。

ランドセル置き場の作り方

子供が自分で自分のものを管理するためには、「これはここに、こうやって戻す」とはっきりとしたルールがあることが大切だと思っています。それも、ひとつひとつのものについてです。

小学生の子供たちには、ランドセル置き場を中心に、小学校グッズをまとめて片づけられるようにスペースを作りました。

シェルフのひとつにランドセルを入れ、他には絵の具セットやピアニカなど、小学校に持って行ったり持ち帰ったりするものを置かせています。

シェルフの上には、長男長女それぞれに引き出しケースを1段分置いています。こまごまとしたものを入れる場所です。

友達からもらった手紙やPASMO、思い出の品など、長男も長女もそれぞれ好きなものを入れているようです。ここは子供たちの好きなように使わせています。

そして、引き出しケースの上には、アクリルの仕切りスタンドを立てています。

ランドセルを開けて教科書を出したら、その手で仕切りスタンドへ。小学校で使うファイルや、ドリルも立てて置いています。

はじめに、ものの戻し場所と置き方をしっかりと伝えておく。ものがあふれそうになったら、時々一緒に片づける。

子供たちのものは、このような感じで一緒に管理しています。

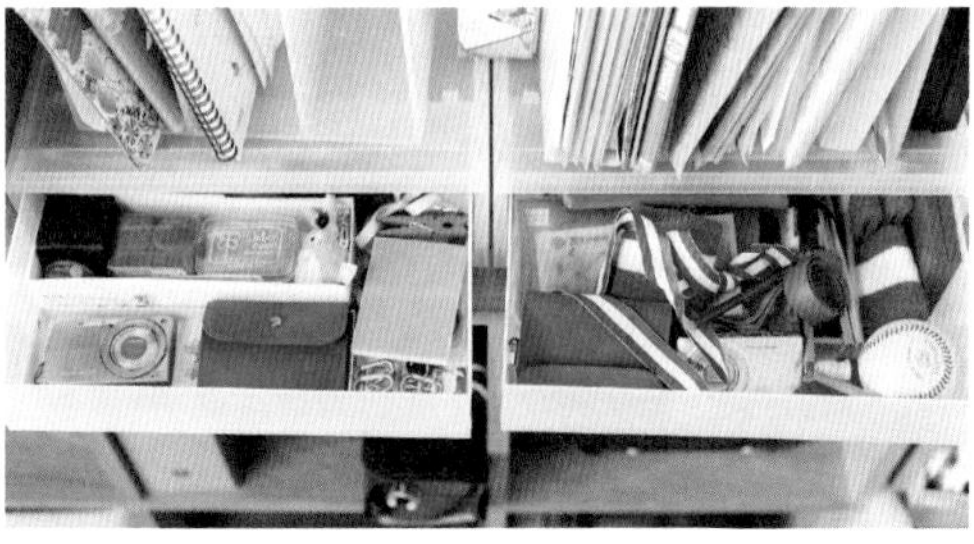

引き出しの中は、定期的に整理するよう声掛けしています。右は長男、左は長女。長男はスポーツ系のもの、長女は工作グッズが多め。

小学生の場合、使い終わったノートやドリルを次の学年で見返すことはまずありません。
実際に「捨てて困った！」ということは今まで一度もありませんでした。

学校のノート類は学期ごとに処分。ためないのが大切

学期末や学年末には、子供たちと一緒に教科書やノートの整理をします。ものを置くスペースは限られているので、定期的な処分が必要です。

ノートは最後のページまで使い切ったら、すぐ捨てます。教科書や副教材は、学期の切り替わりにある保護者会などで、今後使う機会がないか念のために先生に確認してから、使い終わったものを処分。

夏休みや冬休みの前に、大量に持って帰ってくるグッズ。まずは持ち帰ってくる前に、収納スペースのものを全部出して、要るもの、もう要らないものに分けます。要らないものは処分し、要るものだけを戻します。

持ち帰ってきたら、絵の具や習字道具などそれぞれ消耗品の残量を確認して一緒に買い足したり、道具を手入れしたりします。

小中学校の間は塾に行かず家庭学習で

子供が4人いるので、家計の中でも教育費についてよく考えます。

教育費は、かけようと思えばどこまでもかけることができる、青天井の費用です。子供たちをしっかり教育しながら、教育費をどこまでに抑えるか。いつも意識しています。

子供たちが小中学校の間は、家庭学習をしっかりさせたいと思っています。お金がかかる塾通いは、できれば高校受験からにしたい。

わが家の家庭学習のスタートは、小学校に入学したときです。

コツコツ学習する習慣を身につけさせることを第一に、その子の性格を見ながら、関心が向いている分野に応じて私がドリルを選び、進度や習熟度を管理します。

私は大学4年間、塾講師や家庭教師のアルバイトをみっちりしてきたので、そのときの経験が今に生きています。

家庭学習といっても、平日はフルタイムで仕事をしている分、横に座って一緒に学習する時間はとれません。

ドリルは買ったときに使い方を伝えたら、私が仕事から帰ってくるまでに、先に帰宅している子供たちは宿題を済ませ、ドリルも進めておきます。

小学校低学年のうちは、私がマル付け。あとは性格を見ながら、その子に合うタイミン

グでマル付けも任せるようにします。

そして、その日に終わらせた分について、夕食を作りながら確認。わからない部分は夕食後、一緒に考えます。リビングのホワイトボード（→P96）を使うことも。

家庭学習は、教える方も根気が要ります。問題が解けず、ぐずる子供をなだめたり、今日の家庭学習はもう終わったのかと声掛けする必要も出たりして、学習塾に任せた方がよっぽどラクに思えるときもあります。

けれど、勉強をみるのは私の担当。塾に通うための移動時間を節約できるし、何より塾代を抑えられ、抑えた費用を旅行代に回して、普段と違う経験をさせてあげることもできる。

教育費は高校受験からが勝負！と思って、がんばりたいと思っています。

子供の勉強はダイニングテーブルで。学習机にひとり向かうより、広いテーブルできょうだい一緒にやる方が、楽しく続けられるように思います。キッチンに近く、私の目も届きます。

ドリルは分野別になっているものを選ぶことが多いです。よく買うのは陰山英男先生の「徹底反復」シリーズなど。

ダイニングテーブルで勉強するための環境作り

家族が使うものは、「使いたいときにすぐに手に取れる」ように収納しています。60㎡のスモールスペースでは、隣の部屋まで歩いてすぐです。けれど、その「すぐ」の場所に毎回戻しに行けるとは限りません。使った場所にとりあえず置いておいたものが、部屋の散らかりにつながります。

子供たちはダイニングテーブルで学習します。そこで家庭学習に使うものは、テーブルのすぐそばにあるダイニングのシェルフに、すべて置いています。

このシェルフは子供部屋の絵本棚・ランドセル置き場として使っているのと同じ、無印良品のスタッキングシェルフです。

シェルフのワンコーナーには仕切りを置いて、ドリルやノート、参考書。シェルフの上には筆記用具を。家庭学習を始めようと思ったら、手を伸ばしてすぐに学習用具がすべて揃います。

同じく、家庭学習が終わればすぐに片づけられる。子供たちにも、使うものは使う場所に置いておこうね、と伝えています。

季節小物や子供たちが作ったものを飾る場所としても使っています。誕生日や結婚記念日に上の子たちがメッセージボードを作ってくれたときは、シェルフの上に飾ります。

ダイニングやリビング、キッチンにいるときにはいつも目に入り、心を和ませてくれます。

夫の誕生日に子供たちが贈ったメッセージボード。

順番待ちしなくていいよう、消しゴムは多めに。

社会
小学
国語
辞典
勝間式食事ハック
ロジカル家事
勝間和代
算数
理科
ゼロイチ
事業戦略

子供がまず自分で選び、そこに親のおすすめを足します。好きになった作者の本をまとめ借りすることが多いです。

ベビーベッドも本も「借りる」が大正解

収納場所が限られる中、期間限定で使うものはレンタルを利用できないか積極的に検討します。たとえば、子育てをしている中で「一時期しか使わないけれど、あると便利なもの」など。

末っ子の次女が生まれたときから10ヵ月ほど使ったベビーベッドは、レンタルを利用しました。実は三人目の次男までは、長男が生まれる前に買ったベビーベッドを使っていました。

子供がつかまり立ちする頃になると、ベッドとして使うことがなくなり、子供を寝かせる代わりに使えないかと考えた結果、絵本を置いたりオムツを置いたりして使ってきたベビーベッド。

けれど、ベビーベッドが収納スペースとして使い

レンタルしたベビーベッド。枠組みだけで、マットレスは自分で用意。

勝手がいいわけはなく、粗大ゴミとして手放すことに。お世話になったベッドを大きなゴミとして処分することに心が痛みました。

次女のときはレンタルすることで、使わなくなったタイミングで気持ちの抵抗なくさっと返却。費用面でも購入する場合に比べトントンとなり、レンタルして大正解でした。

本も、図書館で借りることが多いです。わが家の子供たちは1歳から小学校高学年まで年齢が幅広いので、年齢に応じた本を揃えようと思うと、収納スペースも費用もかかります。

その点、図書館であればどの子にとっても関心のある本を好きなだけ選べます。

私が住む地区はひとり20冊まで借りられて、６人家族のわが家は家族全員分で、なんと１２０冊も！好きなだけ借りることができて、とても助かっています。

子どもの思い出や作品の残し方

子供ひとりにひとつずつ、「思い出ボックス」を用意しています。

生まれたときのへその緒、「こんなことができるようになりました」「今はこの遊びがブームです」と先生とやり取りしていた保育園の連絡帳、バースデーカード……。

下の子のボックスには、生まれたときに上の子たちが描いた祝福の絵や手紙も入れていて、子供が巣立つときに箱ごと渡してあげたいなと考えています。

そして、子供の作品について。

その時々でしか生み出されない絵や文章、工作。どの作品にもその子らしさが出ていて、残したい気持ちはやまやまですが、すべてを残すスペースはありません。

子供や私のお気に入りだけを厳選していくつか飾り、あとは写真に撮って処分します。わが家ではこれを「ありがとバイバイ」と言っています。

写真に撮っておけば、あのときあんな作品を作っていたよね！と、瞬時に思い出せます。

作文も俳句も自由研究も、植物の観察レポートや夏休みの一行日記まで、家で作ったもの、保育園や小学校から持ち帰ってきたものをほぼすべて撮影。

子供たちと一緒に過ごしている時間、「お母さん、見て見て！」と笑顔で駆け寄ってくる時間を、写真に閉じ込めておくような気持ちです。20年後や30年後、子供たちが巣立った後、ゆっくり見返せるように。

作品は1つ2つ選んで、しばらく飾ります。次の作品に入れ替える際、写真に収めて「ありがとバイバイ」。

段ボール素材の蓋付きボックス(無印良品)。それぞれの名前をラベルで貼って。誕生日にもらった手紙やカードなども。

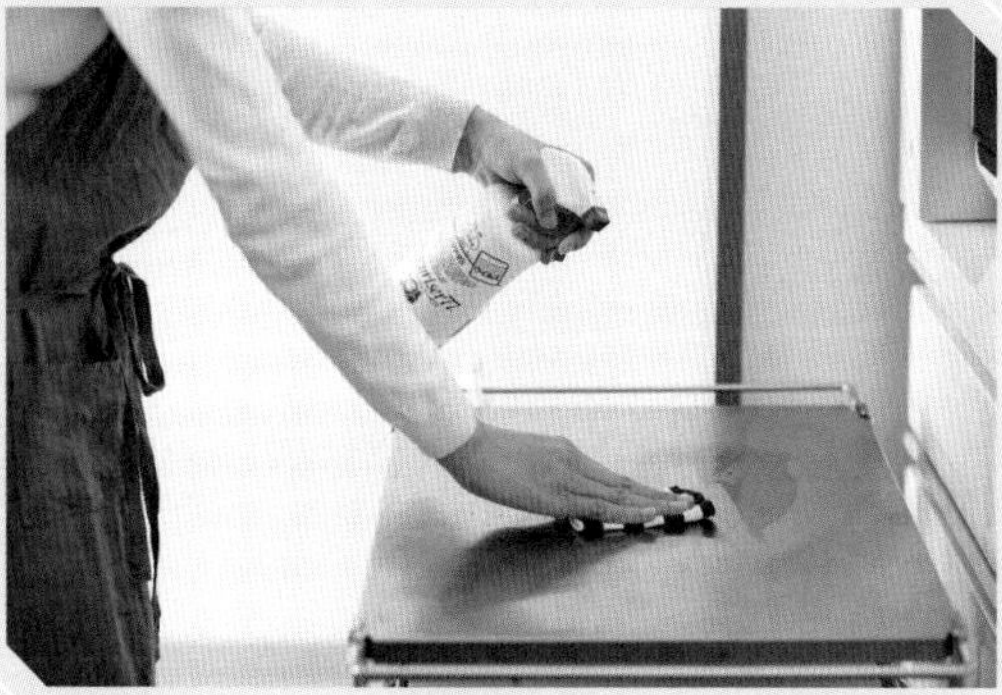

第5章

毎日の家仕事を もっとラクに

2LDKの1室を寝室に、マットレスを敷きつめて

寝室では、エアリーマットレス（アイリスオーヤマ）を使っています。以前は敷き布団を使っていましたが、つわりで臥せっていた数ヵ月の間、休日になかなか日干しができなかったら……布団の裏面を見事にカビさせてしまいました。

そのときは新しい敷き布団に買い替えましたが、平日は働いていますし、週末も天気によってはなかなか日干しできない。天気がいい週末は家族で出かけることも多く、布団の取り込みを気にしながら外出するのもなんだかなあ、と思っていました。

エアリーマットレスにしてからは、管理が随分ラクです。軽くて扱いやすく、通気性が敷き布団に比べ30倍以上あるそう。

4畳半の寝室に3枚敷いて、私と子供3人で寝ています。長男と夫は子供部屋に寝ています。

梅雨時期など湿度が気になる時期には、除湿機を使うことも。エアリーマットレスは薄くて軽く、扱いやすい。長男と夫もエアリーマットレスでそれぞれ寝ています。

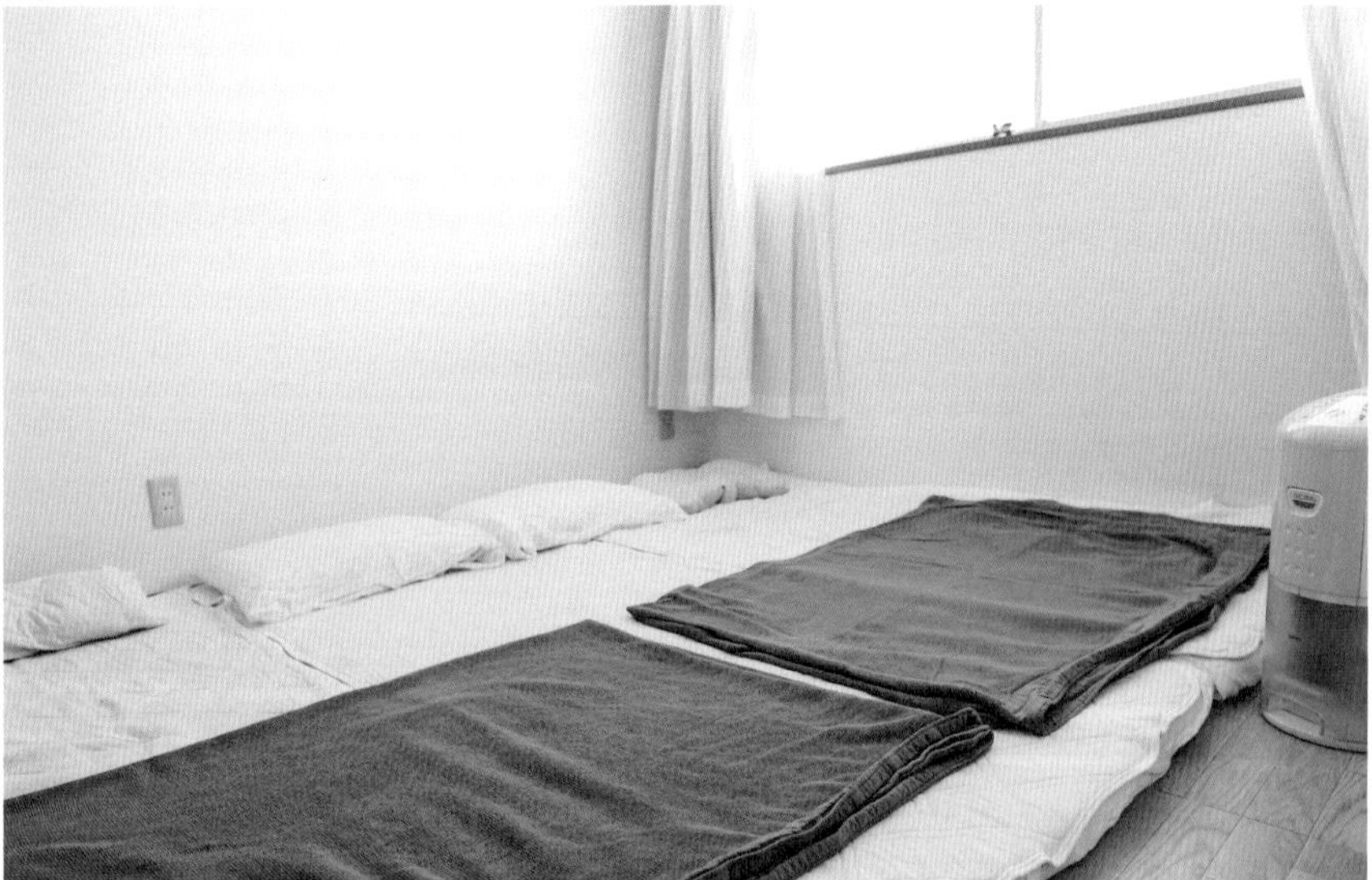

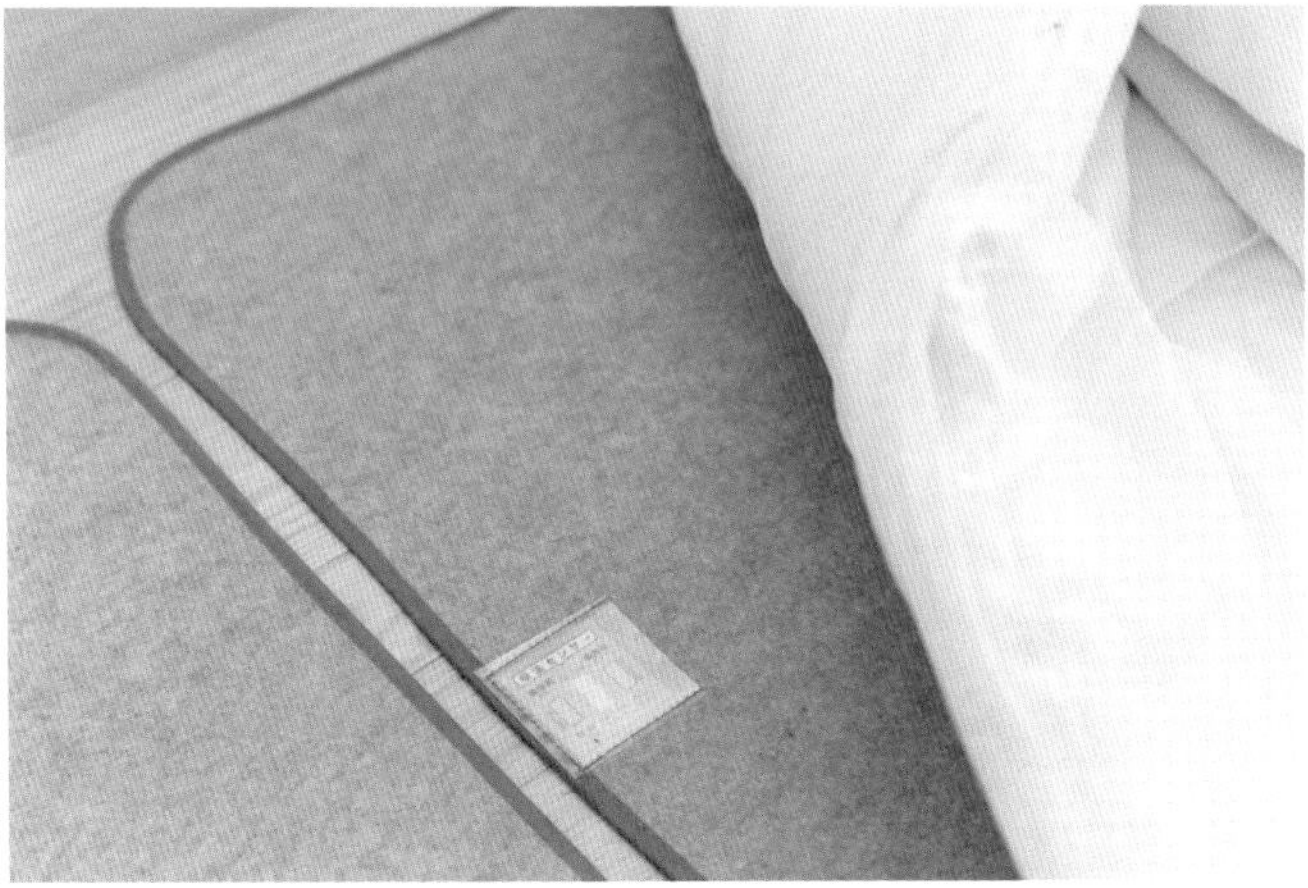

フローリングの上にまず吸湿マットを敷き、その上にマットレスを。冬はマットがフローリングからの冷気を防いでくれています。

エアリーマットレスは放湿性が抜群な素材で、管理がラク。基本的に敷きっぱなし、週末に立てて乾燥させるくらいです。

断熱カーテンライナーを掛けて。寝室にはエアコンがないため、窓からの熱気や冷気を少しでも防いで、快適に寝られるように。

洗濯物の室内干しには除湿機が大活躍

洗濯物は夜に干し、朝出勤前に室内へ。曇りの日でも夕方にはしっかり乾いています。

子供が小さい今は、毎日の洗濯が欠かせません。保育園では1日1回は着替えがありますし、食事エプロンに口拭きタオル。6人家族が入浴後にそれぞれ使うタオル……。全員分を合わせると、洗濯物は1日で山盛りです。

わが家は夜干し派です。毎晩、家族全員が入浴した後に風呂の残り湯を使って「過炭酸ナトリウム」で洗濯します。

過炭酸ナトリウムとは、オキシクリーンなどの酸素系漂白剤の主成分として使われているもの。40℃以上のお湯に溶かして使うと、過炭酸ナトリウムから発生する過酸化水素が汚れを分解してくれるそうです。

風呂の残り湯を40℃まで再加熱して、バケツで洗濯機に汲み入れたら、過炭酸ナトリウムを入れます。3分撹拌して過炭酸ナトリウムを溶かし、一時停止をして浸け置き15分。その後また3分洗っています。

すすぎは1回でＯＫ。洗濯機を回す時間を短くでき、水道代も節約できます。

過炭酸ナトリウムは無香。人工的な香りが苦手な私にとっては、衣服に香りがつかないことも、過炭酸ナトリウムを選ぶ理由のひとつです。

雨の日には外干しができないので、部屋干しして除湿機を使います。

除湿機をかけると、室内干しでも洗濯物がカラリと乾きます。生乾きのイヤ～なにおいがすることもなくなり、買ってよかったと心から思う家電のひとつです。

雨の日には除湿機をかけて部屋干し。除湿機は梅雨の時期は寝室に移動させて使い、1年中大活躍です。

ダスキンモップとほうき＆ちりとりが掃除機代わり

わが家はあまり掃除機を使いません。床掃除に使っているのは、主にダスキンのモップです。

家族の中でいちばん早起きの夫が、朝いちばんにモップをかけてくれます。家族が寝静まった後にゆっくりとほこりが床へ落ちるので、朝の床掃除がいちばん効率的なのだそうです。

下の子たちの食べこぼしやちょっとした掃除には、ほうきがすこぶるラクです。ほうきは１００円ショップのもの。使い勝手に加え、シンプルな外見も気に入っていて、リビングと玄関、ベランダに１本ずつ置いていています。ちりとりとして使っているのは、はりみ（和紙で作られた昔ながらのちりとり）です。

ほうきもはりみも、使いたいときにさっと手に取れ、さっと戻せる。佇まいもいい感じ。掃除道具として、本当に優秀だなあと思っています。

モップなら朝早い掃除も静かにできるのがいいところ。いつもきれいにしてくれる夫には感謝しています。

和紙でできたはりみは静電気が起きず、細かなチリもさらさらと落ちます。

	日常的に	週末	定期的に
キッチン	パストリーゼで拭き掃除	排水口をウエスで掃除	2ヵ月に一度 冷蔵庫整理、掃除 3ヵ月に一度 換気扇、ガステーブル周り、食洗機の掃除
寝室	毎日掛け布団を整える	マットレスを立てて乾燥させる	1ヵ月に一度 吸湿シートの日干し
お風呂	毎晩浴槽洗い、床をブラシでさっと磨く（洗剤なし）		1ヵ月に一度 排水口を古歯ブラシで掃除 半年に一度 漂白剤でカビ予防の徹底掃除
玄関	靴並べ	ほうきで掃き、使い捨てのウエスで水拭き	1ヵ月に一度 靴箱の靴を全部出し、靴箱の中をパストリーゼを使ってウエスで拭く
トイレ	トイレブラシでさっと便器掃除（洗剤なし）	トイレブラシで便器掃除（洗剤で） 床と壁を使い捨てシートで徹底磨き	

定期的に掃除する場所を決めて

小まめに手入れする場所と、定期的に手入れする場所を分けています。

小まめに手入れする場所は、「片づけして整理整頓する場所」。

たとえば、キッチンの引き出しや食品ストックコーナーなど。要らないものを処分して、要るものを使いやすいように戻せばいい、5分10分手を動かせば片づく場所です。

それに対して、定期的に手入れする場所は「掃除」が伴う場所です。

2ヵ月に1回の冷蔵庫整理&掃除、3ヵ月に1回の換気扇・ガステーブル周りの掃除、食洗機や洗濯槽の手入れに浴室床のカビ落とし。それぞれ小一時間はかかりますが、定期的にリセットすることで、見た目も気分もすっきりです。

洗剤は多く持たない。過炭酸ナトリウムが万能

パストリーゼをシュシュッとスプレーして、ウエスやキッチンペーパーで拭き上げれば、汚れも落ちてピカピカです。

洗剤のストックを少なくするコツは、場所別や用途別の洗剤を持たないことです。

わが家でよく使うものは3つ。いろいろな場所や用途で使える、過炭酸ナトリウム、パストリーゼ、塩素系漂白剤です。

過炭酸ナトリウムは、毎日の洗濯に使っています。漂白もしてくれますし、換気扇やガステーブル周りの油汚れの掃除にも便利に使えます。これだけで、洗濯専用の洗剤や漂白剤、油汚れ専用洗剤が不要になりました。

キッチン周りの掃除には、アルコール除菌剤のパストリーゼを使います。食品添加物としても認められているものなので、キッチンで使っても安心。

排水口周りの掃除には、塩素系漂白剤を。スプレーの泡タイプのものを使っていて、希釈せずに使えるところが手軽です。

それぞれの洗剤は、詰め替え用を購入しています。

パストリーゼは5リットルのもの。消費期限を気にせず使えることをメーカーに確認したうえで、大容量のものを買いました。大容量の詰め替えだと、詰め替えした容器を捨てる回数が減って嬉しいです。

また、子供たちは自分の上履きを歯磨き粉で洗います。ドラッグストアで100円もしないような、安価なものを選んでいます。

研磨剤のおかげか汚れがよく落ちますし、洗った後は歯磨き粉のさわやかな香りもついていい感じです。

左から、塩素系漂白剤、アルコール除菌剤のパストリーゼ、過炭酸ナトリウムをボトルに詰めたもの。ボトルはダイソー。200円（+税）のものです。

パストリーゼは5リットルの大容量を購入。最初に買ったボトルに詰め替えて。

歯に使えるなら、ものにも使えないはずはない。問題なくしっかり汚れが落とせます。手にもやさしい。

何かと使えるホワイトボードをダイニングに

ダイニングには、大きなホワイトボードを置いています。

枠が木製のホワイドボードは、この家に引っ越してきてすぐの頃、ホームセンターで購入したもの。使いやすいように、板とすのこを使って、夫がDIYで「足」を付けてくれました。

ホワイトボードには、家族の予定を書き込んだ小さなマンスリーカレンダーをマグネットで貼っています。

小学校や保育園から手紙が届いたら、予定をカレンダーと自分の手帳にすぐ転記します。Googleカレンダーを利用していたことも以前にありますが、4人の子供がそれぞれもらってきた書類を見ながら、紙のカレンダーにすぐ書き込む方法がラクです。

ホワイトボードは、他にも使い方が。小学校からテストが返ってきたら、数日間はホワイトボードに貼っています。

100点だったらテストを見ながら褒められるし、間違いがあれば、少し日を開けてから口頭で再チェックすることもできます。

家庭学習時にも活躍します。私や夫が算数や理科の図を描きながら説明したり、子供が自分で計算式を書いたり。

大がかりな掃除・片づけの際には、掃除する場所を箇条書きにして「誰がどこをする」と目で見てわかるように。掃除が終わったところからチェックを入れて、進み具合がわかるようにする、なんてこともしています。

上の子たちは自分の予定をこのカレンダーで確認するので、ひらがな多めで書き込みます。

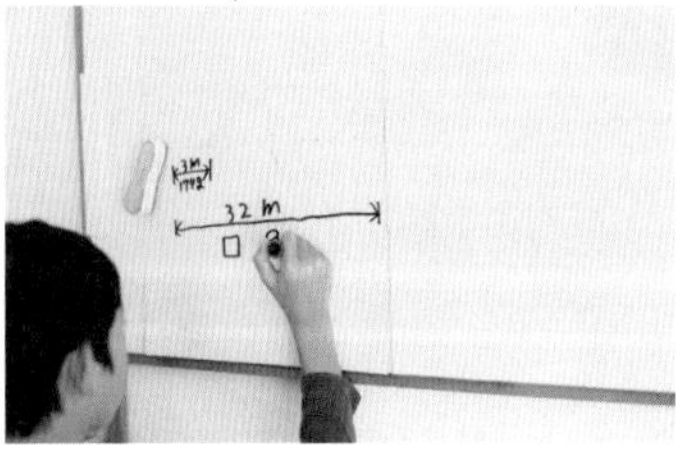

親が教えるときだけでなく、子供自身が図などを描いて算数の問題を解くことも。

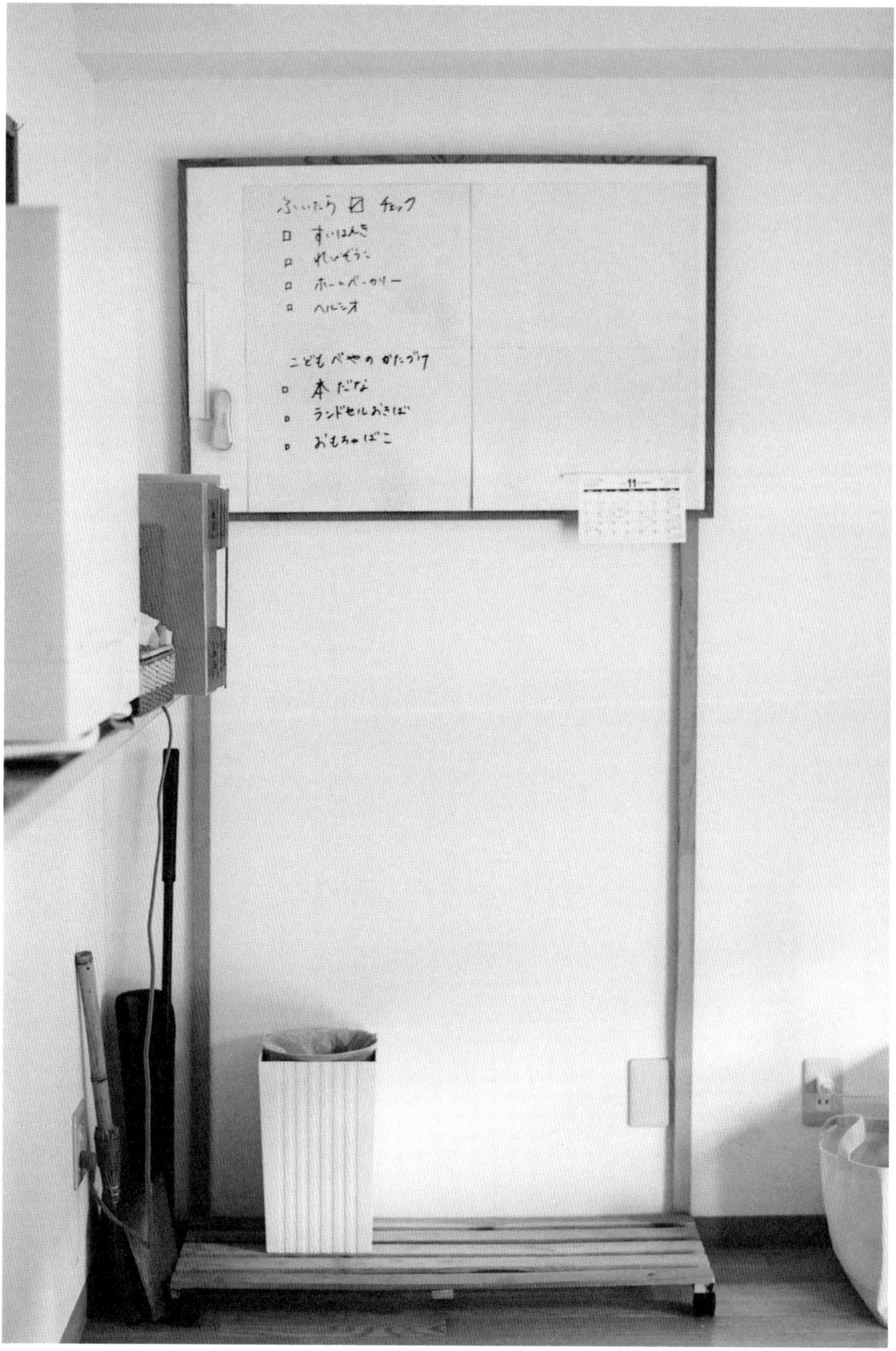

ホワイトボードはダイニングの片隅に。実は自立せず、裏側を両面テープで壁に貼りつけています。

防虫・消臭用のレッドシダー。クローゼットでは、100円ショップで買ったグッズを組み合わせてポールに引っ掛けられるように。

木の香りが薄らいできたら、紙やすりでこすれば香りが戻ります。

メンテナンス道具は天然素材にこだわって

天然素材のものが好きです。選択肢があれば、なるべく木や革でできたものを選んでいます。手入れすれば長い間使えるし、何より、時が経つにつれて風合いが出てくるところが好き。

防虫・消臭グッズには、人工的な防虫・消臭剤ではなく、レッドシダーの木を利用しています。虫はレッドシダーの香りを嫌がるそうです。

衣服の防虫には、棒状のスティックタイプを使っています。衣服の収納引き出しには、スティックのまま2〜3本入れて。クローゼットにはポールにぶら下げています。

夫の仕事靴にも、レッドシダーで作られたシューズキーパーを入れています。いずれも無印良品のものです。

ダイニングテーブルは、時々、木工用みつろうク

無印良品のレッドシダーのシューズキーパー。ムダのないシンプルなデザイン。型崩れが気になる靴に。

リームで手入れします。国産菜種油や国産ヒバ油、国産みつろうなど、口に入れても問題ない素材だけでできているクリーム。テーブルをよく拭いた後に薄く塗り、油分を与えて乾拭きすれば、テーブルにつやが戻り、手触りも滑らかになります。

その他、木のスプーンがカサついてきたら、オリーブオイルを含ませたキッチンペーパーで油分を足します。木製の平皿やパンを乗せるウッドボードも、同じ方法で手入れします。

手を動かしながら、ものをメンテナンスする時間は、心が静かになる好きな時間でもあります。

気づいたときサッとかけられるよう、靴ブラシは玄関の靴箱の上に。木製のボウルに入れています。

第6章

私の持ち物・少数精鋭アイテム

ワンピースでオンもオフも過ごしています

ワンピースが好きです。とくに、てろんと柔らかなジャージー素材のワンピース。しわになりにくく、自宅で洗えるものを中心に揃えています。

私の場合、オンでもオフでもワンピース。出勤時は、ワンピースの上にジャケットを羽織って。

ワンピースだと、その日の組み合わせを選ぶのがとても簡単です。どのワンピースを着るか選んで、その色に合うジャケットを選べばいいだけ。

トップスを選んで、スカートかパンツを選んで……と上下をそれぞれ選ぶのに比べて、ずいぶんラクになりました。

オフの日も、公園へ行くとき以外はワンピースです。ジャケットの代わりにカーディガンをプラスします。小さな次男や次女を抱っこしてもしわにならず、汚れてもその日に洗えるものであれば、気軽に

いずれも半袖。春秋用の生地なら、下にヒートテックを着て上着を羽織れば、冬でも寒くありません。

着ることができます。

ハンガーに掛けて収納しています。洗濯したらハンガーに掛け、乾いたらそのままラックのポールに引っ掛けるだけ。

旅行のときにはくるくる小さく丸めてバッグへ。場所をとらずに収納可能なところも、ワンピースのいいところです。

ワンピースは、ネット通販で購入することがほとんどです。最近は、勝間和代さんの本で知ったｗａｊａ（ワジャ）を利用しています。

青、黄などそのときに欲しい色味で絞って、ジャージー素材を選択して……。店頭に探しに行くと品数も限られますが、ネットであれば種類も豊富。その日に欲しいものが見つからなくても続々新商品が入ってくるから、少し待てば「こういうのが欲しかった」と希望に沿うワンピースに出会えます。

購入前の試着はできないけれど、ｗａｊａではイメージ違いやサイズ違いなど、自己都合の返品もＯＫ。クーポンを使いながら、便利に買い物しています。

通勤時はジャケットを羽織っています。膝丈が使い勝手がいいです。

オフのときはカーディガンを羽織って。同じワンピースでも上に着るもので印象が変わります。

バッグは通勤用と普段用に1個ずつあれば十分

バッグは、お気に入りをとことん使い込む派です。今のメインバッグは、通勤用とプライベートでひとつずつ。

通勤用は、4回目の育休から職場復帰の際に新調しました。革製でA4サイズのファイルを入れられること、丈夫だけれど軽いこと、品があること。思い通りのバッグを、マザーハウスの店頭で見つけることができました。

プライベートで使うメインバッグは、無印良品のキャンバストートです（現在は廃版）。小さな次男や次女と一緒に出かけるときは、おむつグッズやおやつ、飲み物などを詰め込んで出かけます。

このバッグのいいところは、生地が丈夫でたくさん荷物が入るところと、ファスナーがついているところ。ファスナーが付いていると外から中身が見えないし、子供を抱っこしようとかがんだときでも、バッグから荷物が落ちることがなく安心です。

汚れたときには自己責任でごしごし洗って、3年以上使っています。

アクセサリーも、たくさん持つよりは、心からのお気に入りを少しだけ持っていたいタイプです。

身につけているアクセサリーは、誕生日や記念日に夫がプレゼントしてくれたもの。

ひとつひとつに思い出があるから、もしピアスを片方落としてしまったら、片方だけ作り直します。作り直しができないものも、残ったひとつをずっと持っています。

左がプライベート使いのキャンバストート。右が通勤用の革製バッグ。この2つで十分足りています。

通勤バッグの中身。1 Wi-Fiとモバイルバッテリー 2 PC 3 手帳 4 スマホ 5 名刺入れを兼ねたパスケース 6 キーケース 7 財布 8 バッグハンガー 9 ハンドクリームやアイブロウを入れたポーチ 10 そのとき読んでいる本

靴もメインは2足だけ。定番を色違いで

通勤時にローテーションしているパンプス。ヘビ柄は意外に違和感なく、おしゃれに履けます。

持っている靴の数は少ないです。

10年近くリピートしていて、もう何度購入したかわからない「ラクチンきれいシューズ」(マルイ)を、オンでもオフでも履いています。

私が買うのはいつも2センチヒールのポインテッドトゥ。色はブラックとヘビ柄の2色です。ワンピースを着ることがほとんどなので、この2足があれば問題なしです。

ラクチンきれいシューズは、名前にラクチンと付いているだけあって、たくさん歩く日でも足が疲れません。価格も手頃で嬉しい。

他に持っている靴は、玄関でさっと履けるサンダル1足と、公園へ遊びに行くときのスニーカーくらいです。秋冬に定番のブーツも、何年も前に手放しました。

定番のスタイルを持っていることで、たくさんの靴を持つことなく、おしゃれを楽しめています。

エトヴォスは天然の鉱物から肌にやさしいコスメを生産する、国内メーカーです。
（左）ネイルは2色だけ。真っ赤なネイルはペディキュアに。

コスメ選びの基準は「クレンジング不要」なこと

子育てしているうちに、メイクとスキンケアがどんどんシンプルになっていきました。

持っているコスメの数は少なく、洗面台に置くケースに収まる分だけ。ベースメイクは日焼け止めにCCクリームを混ぜて使い、気になる部分にコンシーラーを塗って完了。ファンデーションはなし。アイシャドウやチークなどのメイクアップコスメは1つずつ。クレンジング不要で、ぬるま湯と石けんで落とすことができるエトヴォスを中心に揃えています。

スキンケアもごくシンプル。基本は化粧水をたっぷりつけるだけ。乾燥が気になる時期は乳液をプラスします。ここ数年は無印良品の大容量タイプの化粧水を愛用。顔やデコルテ、時には手足にまでバシャバシャと惜しみなく使える価格です。

手入れしながら15年
持ち続ける本革のパスケース

本革の小物が好きです。財布やパスケース、スマホケースに手帳カバー……。10年以上かけて少しずつ揃えてきました。

手にしっとりとなじむ質感、年月を経てゆっくりと深まる革の色。

表面がやわらかいので、時々引っかきキズをつけてしまったり、不注意で水のシミをつけてしまったりすることもありますが、そのたびにクリーナーやクリームでお手入れしながら使い続けています。

名刺入れも兼ねているパスケースは、気づけばもう15年は使っているでしょうか。手で撫でると滑らかで、手の中にしっくりと収まる大切なパスケース。

質感も色も、購入した当初よりも今の方が断然好きです。自然の素材は、手入れすればするだけ、自分自身に馴染んでくるような気がします。

お気に入りのレザーお手入れセット。泡タイプのクリーナーと、水分や油分を与えるクリームのセットです。

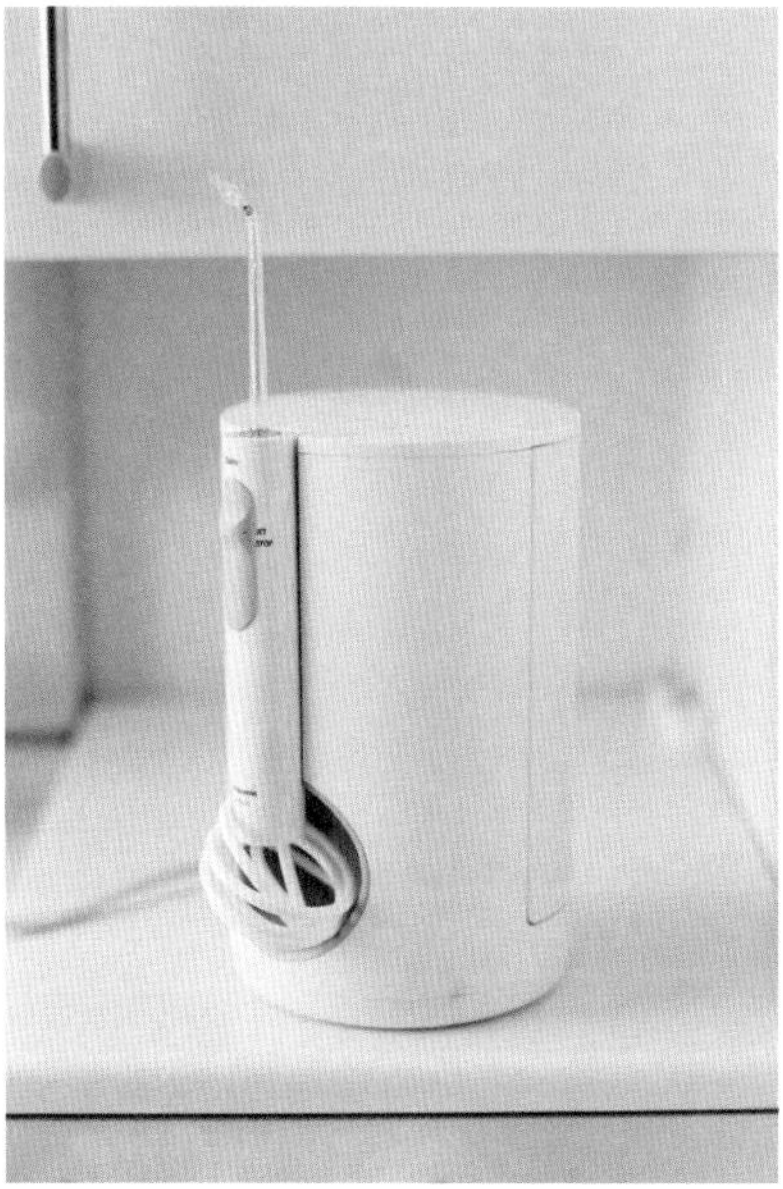

水流で歯間の汚れを洗い流せるジェットウォッシャードルツ（Panasonic）。水の力で歯ぐきもマッサージできるものです。

歯には投資する

残念ながら、歯があまり強くありません。気を抜くとすぐに虫歯になりますし、4回の妊娠・出産で吐きづわりがひどかったからか、ますます歯が弱くなった気がします。

歯の健康は、体全体の健康に大きくつながる。美味しくものを食べることも、しっかりした歯があってこそ。そう考えているので、歯には投資するようにしています。

毎晩、まずはやわらかめの歯ブラシで、歯ぐきと歯の生え際をマッサージ。フロスはもちろん欠かせません。歯磨き粉は、歯を白くし、虫歯や歯槽膿漏を防ぐ天然成分が配合されているものを使います。その後はジェットウォッシャードルツで仕上げ。

10分以上かかりますが、ずっと健康な歯や歯ぐきでいたいから、丁寧にケアするようにしています。

貴重なひとり時間にできることはたくさん

平日はフルタイムで仕事、家には1歳から11歳まで4人の子供がいるので、自分の時間をとることはなかなかできません。

毎日更新しているブログの記事を書きたいし、本も読みたい。考えたいこともたくさんです。けれど、仕事はもちろん、家事に育児は待ったなし。

ごはん作りやちょっとした片づけ、下の子たちの保育園の準備、上の子たちの書類のチェックや家庭学習……。家でもやるべきことは途切れません。

そんな中、私が大切にしているのが細切れ時間です。

たとえば、通勤時間。満員電車の中、今日はブログにどんな記事を書こうか考えて、アイデアをスマホにメモしておく。

買い物もよくスマホでします。子供たちの服をメルカリで探したり、Ａｍａｚｏｎや楽天で家のものを選んだり。スマホのおかげで、細切れ時間にいろんなことを進められます。

電車が空いてきて本を出せる状態になったら、1駅分でも2駅分でも本を読む。いつでも本が読めるように、バッグにはいつも本を1冊入れています。

平日のランチも貴重なひとり時間。職場近くのカフェに入ったら、ランチをパパッと食べてパソコンを開き、通勤中に思いついたアイデアをブログの記事にしていきます。

細切れ時間は、自分の時間。たとえ5分でも、できることはたくさんあります。

何度も読み返したい本は手元に残して。勝間和代さんと有元葉子さんからは大きな影響を受けています。

FREE

第7章

お金をかけずに
家族6人で楽しむ暮らし

おもちゃはほとんど買わない。長女の手作りが人気

子供たちにおもちゃを買うことは、ほとんどありません。わが家に新しいおもちゃがくるタイミングは、誕生日とクリスマス。そして、保育園の夏祭りや運動会です（保育園はイベントの後に小さなおもちゃのプレゼントをくれます）。

小さな頃から「欲しいおもちゃがあったら、誕生日まで待とうね。それか、サンタさんにお願いしようね」と伝えてあり、子供たちもそういうものだと思っているようです。

下の子たちは、上の子たちが小さかった頃に使っていたおもちゃで遊んでいます。プラレールや積み木、ウルトラマン人形にぬいぐるみ。懐かしくなるのか、上の子たちが一緒に遊び出すこともあります。

どんどん増えるのは、長女の手作りおもちゃです。もの作りが大好きな長女は、時間があれば手を動かし、いつも何かを描いたり作ったりしています。

フェルトを切って作った小さなお弁当やパフェ、紙粘土で作ったケーキ。器用な手先からどんどん生み出される作品を見るのは、楽しいものです。

最近人気だったのは、色紙を丸めて作ったアイスクリーム。コーンに色とりどりのアイスをのせて、下の子たちが「なにあじがいいですか」「はい、どうぞ」と運んできてくれました。

おもちゃはたくさんないけれど、なければないまま、子供たち同士で楽しい時間を過ごしているように思います。

長女の手作りおもちゃ

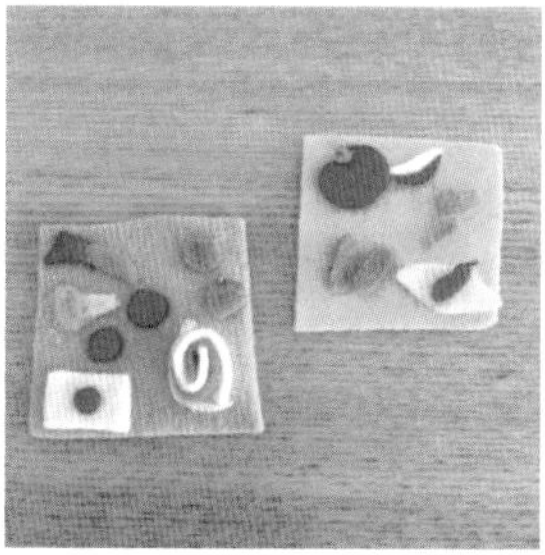

フェルトで作ったお弁当。手のひらサイズ。

フェルトのハンバーガーセット。

軽量樹脂粘土で作ったテーブルや観葉植物、ソファのある部屋。

段ボール紙で作った畑。

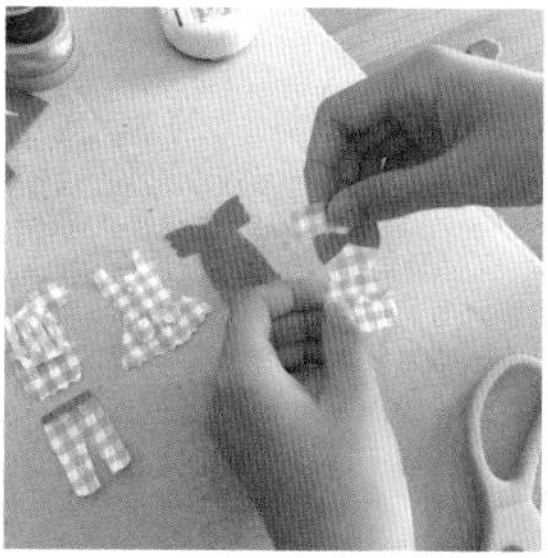

折り紙を半分に折り、洋服の形に。

長男と用意してくれた手作り縁日。輪投げやスーパーボールすくいも。

毎年恒例になった、ハロウィンのお菓子探し。中を開くと、お菓子がどこに隠されているか、ヒントが書いてあります。

季節行事を暮らしに織り込んで

暮らしの中で、大切にしているのは季節感。四季折々の季節のイベントをなるべく生活に取り入れるようにしています。

平日働いている分、子供たちと過ごす時間は限られているけれど、子供たちにも暮らしの中に楽しみを見つけてもらいたいから、無理なくできる範囲で季節のイベントを用意します。

たとえば子供の日。4月の半ばを過ぎた頃から小さな兜の置物を飾って、子供の日当日はかしわ餅を用意。

用意と言っても、パルシステムで購入しておくだけなのですが、「今日は子供の日だね、おやつはかしわ餅！」と声をかけて、みんなで一緒に頬張れるのが嬉しい。

ハロウィンには、「ハロウィンお菓子探し」をし

（上）クリスマスの料理。丸鶏をヘルシオで焼き上げて。ブロッコリーツリーは子供たちが飾りつけ。
（左上）雛祭りにはかわいいお菓子を用意して。
（左下）端午の節句には、ちまきやかしわ餅を。

ます。

数年前にふと思いつき、家の中で始めた「ハロウィンお菓子探し」。家中にお菓子を隠し、隠し場所のヒントを盛り込んだ手描きの地図を子供たちに渡します。

子供たちは地図を手に「あった！」「ここにもあった！」。家の中でお菓子を探して歩きます。小さな次男に見つけさせてあげて、一緒に喜ぶ姿もほほえましい、わが家の恒例行事です。

クリスマスには、長男や長女が保育園のときに作ったクリスマス飾りを中心に飾り付け。クリスマスツリーは夫と子供たちの手作りです。

ごちそう作りも一緒に。大きな丸鶏に下味を付けてオーブンで焼くローストチキン、マッシュポテトで作った山にブロッコリーを飾るブロッコリーツリー。クリスマスをモチーフにしたクッキーも焼きます。

子供の頃、こんなふうにして季節を迎えていたなあ。子供たちが大人になった頃、そんなふうに思い出してくれると嬉しいなと思っています。

子供と一緒にお菓子作りや梅仕事を楽しむ

たまに、お菓子作りをします。作るお菓子は、家にある材料を使って手軽にできるものがほとんどです。

子供たちと一緒に作るとき、よく使うのは「ミックス粉」です。クッキーミックスからマフィンミックス、スコーンミックスも。

小麦粉や砂糖、ベーキングパウダーなどがあらかじめ入っているので、粉を量ったりふるったりする必要なし。思い立ったらすぐ作れます。

生地を簡単に用意できる分、クッキーなら子供たちが思い思いにトッピングする楽しい時間を長くとることができます。

季節の手仕事も、なるべく子供たちと一緒に。初夏には青梅で一緒に梅ジュース作り。3歳の次男も一緒に布巾で梅を拭いたり、ヘタを取ったり。

小さな手でもできることを選んで、上の子と一緒に「美味しいジュースにな～れ」とお手伝い。

夏から秋にかけてはスダチでジュース作り。レモン搾り器で長男長女にスダチを絞ってもらったら、はちみつを加えて水で割ります。さっぱりと喉を潤す、爽やかなジュースです。

秋になったら、煮りんごも作ります。煮りんごはそのまま食べたり、パイシートにのせて簡単にアップルパイを作ったり。

一緒に作ったお菓子でお茶の時間にすると、「ここをがんばった！」「美味しいね～」と会話も弾みます。

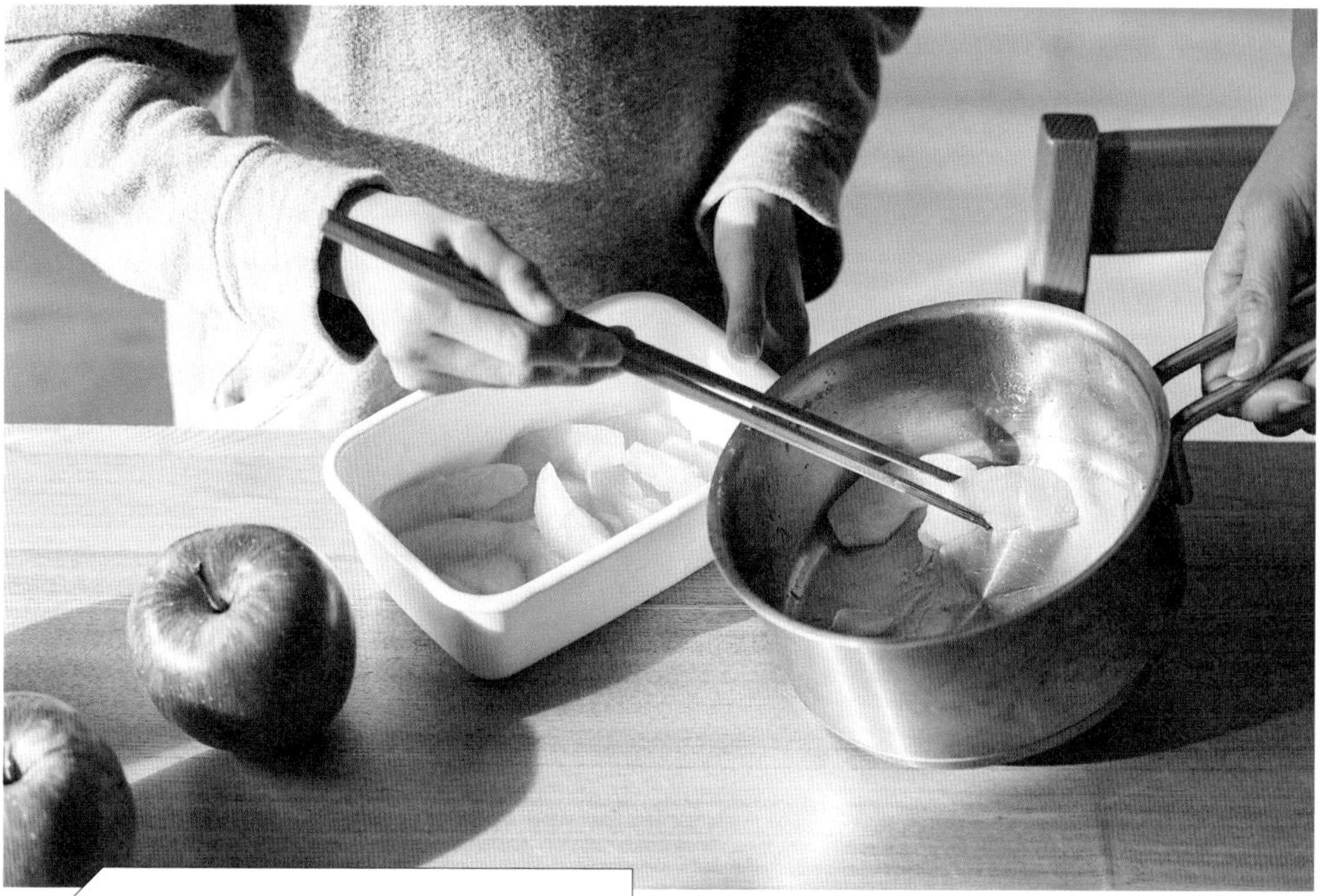

〈 煮りんごの作り方 〉

材料：小ぶりの紅玉5つ、砂糖大さじ3、レモン汁大さじ1（砂糖は控えめ。甘みがほしかったらもう少し足しても）
串切りにしたりんごに砂糖とレモン汁をまぶす。じゅわっと汁が出てきたら、落とし蓋をして中火にかける。透き通ったら出来上がり。

冷凍パイシートを使って、簡単アップルパイ。

梅ジュース

瓶ではなく琺瑯容器で。冷蔵庫に入れやすい。

すだちジュース

すだちを絞り、はちみつと水（または炭酸水）で割る。

室内に植物を飾れない今はベランダで育てています

子供が生まれる前は、部屋の中で観葉植物を育てていました。けれども、長男がまだハイハイをしている頃、ちょっと目を離した隙に葉をちぎって口の中に入れていたのを機に、子供が小さいうちは部屋の中で観葉植物を育てるのはしばらくお預けにしようと決めました。

花や枝物をガラスのフラワーベースに飾るのも好き。けれど、今は3歳と1歳の次男、次女がいます。新しいものに目がないちびっ子たちは興味をもって触りに行くので、やっぱり室内で植物を飾るのは難しい。

そこで今は、ベランダに植物を置いています。たまに枯れた葉を取り除いたり、液体肥料をあげたりするくらいでOKのものを選んでいます。週末に世話をし、少しずつ育つ姿に癒されています。

植物を育てるのはベランダで。オリーブやローズマリーなど、手をかけずとも育つ強い植物が中心です。

公園は自宅から歩いて30分くらいの距離にあり、小さな次女をバギーに乗せて、散歩がてらのんびりと向かいます。

近くの大きな公園でお手軽ピクニック

1ヵ月に一度ほど、週末に家族みんなで近くの大きな公園へ、ピクニックに行きます。弁当を作ることもなく、敷物と遊び道具だけ持って出かける、手ぶらでお手軽なピクニック。

道の途中で弁当やおやつ、飲みものを買って、青空の下でのんびり過ごす。弁当を食べたら、子供たちは思い思いに遊びます。長男は夫と一緒にキャッチボール、長女と次男は葉っぱや枝拾いに鬼ごっこ、次女は足元の草むしりなど。

途中で敷物の上にごろんと横になり、ゆったりと流れる雲を眺めたり、木の葉がさわさわと風に揺れるのを眺めたり。虹を見つけた日も。ただそうやって過ごすだけで、心身ともにリフレッシュできる気がします。

こんな手軽なピクニックだと、思いついたらいつでも出かけられる。家事や雑事、仕事から離れ、ゆっくりと流れる時間を楽しめます。

4人きょうだい育児の大変さと何倍もの幸せ

自分でも4人産むとは思っていませんでしたが、子育てしているうちに「もうひとり、いてもいいな」で、4人になっていました！

朝から晩まで、家にいるときには座る暇もありません。イライラするときももちろんたくさんあるけれど、子供たちの「お母さーん」「あのね、今日ね……」の笑顔でがんばれます。

きょうだいは、それぞれがひとり立ちした後にその良さが心からわかる気がします。普段は離れていても、会えば子供の頃の話で笑い合え、何かあれば協力し合える。私自身に大切に想う妹がいて、そう実感しています。

実家が遠方、フルタイムで仕事して、4人もどう育てているの？と聞かれることがあります。これはまず、保育園のおかげ。そしてもうひとつは、上の子たちふたりの手助けのおかげ。

大いに助けてもらっている分、上の子たちは自分のペースで思う存分読書したり、ゲームしたりする時間が同世代の子供たちに比べて短いはず。私に余裕があるときには、できる限り好きなことに集中する時間を取ってあげたいと思っています。

幼い子供たちがいる日々の賑わい、慌ただしさも、あと10年もすれば懐かしい思い出となっているのでしょう。

子供たちが巣立つその日まで、一緒に日々のごはんを囲み、いろいろな経験を重ねながら過ごしていきたいと思います。

自分が苦学した分、子供たちに教えたいお金のこと

　実家は経済的に恵まれていませんでした。一時は食べるにも苦労する時期もあり、受験や進学でまとまったお金が必要となるたび、自分は勉強を続けられるのか強く不安に思っていたことを思い出します。

　地方から上京して大学へ進学する際や在学中、そして妹の専門学校時も、親からの資金援助はありませんでした。その時々で助けてくれた祖母や伯母、中高時代の担任の先生方、高校時代の友人のご両親。奨学金やアルバイト先に恵まれたこと。様々な方の支援や様々な幸運が重なって、今があります。

　結果として、私と妹はそれぞれ希望した道へと進み無事卒業、働き始めて、子供の頃に比べはるかに快適な暮らしを送ることができています。

　恥ずかしながら若い頃は、親のおかげと思うことがなく、思いあがっていました。けれど、子供時代を振り返ると、両親から折に触れて受け取っていたメッセージは、「あなたならできる」ということ。

　経済的に苦しい中、子供の教育費を用意できなかった両親はどんなに悔しい思いをしてきたことでしょう。そんな中でも常に大きな愛情を注ぎ、未来を切り開く力があることを信じ、励まし続けてくれました。

　それが私の力になっていたことが、今になってよくわかります。私が自分の子育てでいちばん大切にしていることも、見守り、大切に想っていることを伝えながら、子供の力

子供たちには小さい頃から「自分の財布」を持たせています。少し大きくなって青い財布（無印良品）に変えました。ぞうさんは長男から次男へ、トトロは長女から次女へおさがり。

を信じることです。

子供の頃からお金について考え、時として そのタイミングでお金を用意できるかどうかが人生の飛躍の分かれ道になると身をもって経験してきたため、4人の子供たちには、お金の教育もしていくつもりです。

日本ではなかなかお金の教育を受ける機会がありません。大人になれば誰もが扱うことになるお金について、小学校でも中学校でも、どう手に入れ、どう貯め、どう殖やしていけばいいのか、なかなか実状も情報源も教えてもらえない。

それならば、親の私が常にお金について学び続けながら、自分の能力や時間を使って稼ぐこと、それに加えて投資をすることでお金にお金を稼いでもらう方法があることを子供たちに教えていきたい。

自分が常に学び実践しながら、子供にその姿を見せていきたいと思っています。

おわりに

本を書き進めながら、今までの暮らしを振り返る機会を得ました。自分の心の奥底で大切にしてきたことを再発見できた思いです。

ひとつに、「スモールスペースですっきり暮らす」ことは、ずっと私の暮らしのテーマの中心にあったということ。

大学進学を機に、地方から上京して学生寮に住みました。実家では妹と一緒の部屋だったので、初めてのひとり部屋。自分で選んだ少しのもので暮らしを作っていくって、すごく楽しい！とワクワク過ごした日々を、昨日のことのように思い出せます。

その後はワンルームアパートへ。夫と暮らすようになって1LDKのマンションに引っ越し、子供の数が増えた今は2LDK暮らし。

どの住まいにも広さを求めたことはありません。選んできたのはむしろ、できる限りスモールスペース、そして駅から近い住まい。

スモールスペースなら、住まいのコストが抑えられる。スペースが限られる分、持つものを厳選して快適な暮らしにつながりやすい。狭さは工夫でクリアしながら、私はこれからもずっと、その時々にフィットしたスモールスペースに住み替えていくと思います。

そしてもうひとつ、「家族みんなで家事をする」こと。

私にとって至極自然なこの感覚は、どこからきたのだろう？……思い浮かんだのは、父と母と暮らした子供の頃。フルタイムで仕事もがんばる母を中心に、父も日頃から掃除や片づけをしていましたし、私や妹も手伝いは当然のこと。

わが家の子供たちも自立したあと、「家のことはみんなでね！」と取り組んでくれそうな気がします。

最後に謝辞を。

まずはじめに、いつもブログを訪れてくださっている読者の方々へ。皆様のおかげで毎日ブログを更新しようと思えて、この本の出版にもつながりました。いつも読んでくださり、時に励ましてくださり、本当にありがとうございます。

本書の制作に携わっていただいた皆様。初めての書籍執筆で右も左もわからない私に、最後まで伴走してくださり、感謝いたします。

私を信じ支えてくれる家族。いつもありがとう。なかでも長女には、本書のデザインのために協力してもらいました。見出し周りなどにある、果物や鳥、手などのモチーフは、長女が色紙を切って作ったものです。

そして、最後まで読んでくださったあなたに、心から感謝を。ご縁あってこの本を手にとってくださったあなたの暮らしが、さらに輝きますように。